Paulo Sérgio Marin

CABEAMENTO ESTRUTURADO

2ª EDIÇÃO

érica

saraiva EDUCAÇÃO | érica

Av. Paulista, 901, 3º andar
Bela Vista - São Paulo - SP - CEP: 01311-100

SAC | Dúvidas referentes a conteúdo editorial, material de apoio e reclamações:
sac.sets@somoseducacao.com.br

Direção executiva	Flávia Alves Bravin
Direção editorial	Renata Pascual Müller
Gerência editorial	Rita de Cássia S. Puoço
Aquisições	Rosana Ap. Alves dos Santos
Edição	Paula Hercy Cardoso Craveiro
	Silvia Campos Ferreira
Produção editorial	Laudemir Marinho dos Santos
Projetos e serviços editoriais	Breno Lopes de Souza
	Josiane de Araujo Rodrigues
	Kelli Priscila Pinto
	Laura Paraíso Buldrini Filogônio
	Marília Cordeiro
	Mônica Gonçalves Dias

Preparação	Luciano Francisco
Revisão	Gilda Barros
Diagramação	Ione Franco
Imagem de capa	iStock/GettyImagesPlus/BernardaSv
Impressão e acabamento	

DADOS INTERNACIONAIS DE CATALOGAÇÃO NA PUBLICAÇÃO (CIP)
ANGÉLICA ILACQUA CRB-8/7057

Marin, Paulo Sérgio
Cabeamento estruturado / Paulo Sérgio Marin. – 2. ed. –
São Paulo : Érica, 2020. (Série Eixos)
136 p.

Bibliografia
ISBN 978-85-365-3311-7

1. Cabos de telecomunicação 2. Sistemas de telecomunicação - Equipamento e acessórios 3. Redes locais de computadores 4. Sistemas de transmissão de dados I. Título II. Série

20-1665 CDD 621.38784
CDU 621.39

Índice para catálogo sistemático:
1. Cabos de telecomunicação

2ª edição
2020

CO 690865 CL 642532 CAE 727311

AGRADECIMENTOS

À Gorete, a quem dedico esta obra.

Preparar este livro, cujo enfoque é para o Ensino Técnico e, portanto, dedicado àqueles que desejam ingressar na área de infraestrutura de redes, mais especificamente em cabeamento estruturado, área na qual trabalho desde o início dos anos 1990, foi uma tarefa muito gratificante. Ao longo desses quase trinta anos, tenho dedicado boa parte do meu tempo ao compartilhamento dos conhecimentos que tenho adquirido por meio de muito trabalho prático, pesquisas e desenvolvimento de literatura e normas técnicas na área.

Aproveito este momento para agradecer àqueles que contribuíram de forma direta ou indireta para a concretização deste trabalho.

Obrigado aos parceiros da Editora Érica pela confiança de sempre e por me atribuírem tal tarefa.

Muito obrigado aos amigos e colegas da Furukawa, Fluke Networks, Ideal Industries, Nexans, Panduit, Roxtec, XRIoT, Siemon e Tyco Electronics, pela cessão de imagens que me ajudaram a ilustrar este livro.

Meus agradecimentos aos meus pais, familiares (especialmente ao meu *vecchio*, pela leitura assídua e atenta de sempre) e amigos, pelo apoio e incentivo.

ESTE LIVRO POSSUI MATERIAL DIGITAL EXCLUSIVO

Para enriquecer a experiência de ensino e aprendizagem por meio de seus livros, a Saraiva Educação oferece materiais de apoio que proporcionam aos leitores a oportunidade de ampliar seus conhecimentos.

Nesta obra, o leitor que é aluno terá acesso ao gabarito das atividades apresentadas ao longo dos capítulos. Para os professores, preparamos um plano de aulas, que o orientará na aplicação do conteúdo em sala de aula.

Para acessá-lo, siga estes passos:

1. Em seu computador, acesse o link: **http://somos.in/CE02**
2. Se você já tem uma conta, entre com seu login e senha. Se ainda não tem, faça seu cadastro.
3. Após o login, clique na capa do livro. Pronto! Agora, aproveite o conteúdo extra e bons estudos!

Qualquer dúvida, entre em contato pelo e-mail **suportedigital@saraivaconecta.com.br**.

SOBRE O AUTOR

Paulo Sérgio Marin é especialista em infraestrutura de TI e telecomunicações (ICT) e referência nacional na indústria de cabeamento estruturado, atuando também nos Estados Unidos, na América Latina e na Península Ibérica. Dedica-se, ainda, à consultoria e ao treinamento técnico nas áreas de cabeamento estruturado, telecomunicações e ambientes de missão crítica.

Foi premiado com o *2014 Harry J. Pfister Award for Excellence in the Telecommunications Industry*, concedido pelo College of Engineering da University of South Florida em reconhecimento à sua dedicação por décadas à indústria de telecomunicações (ICT), por meio de participação voluntária em normalização técnica internacional, treinamento, produção de literatura técnica, disseminação de conhecimento por meio de apresentações em congressos, cursos em instituições de ensino, entre outras atividades.

É doutor em Engenharia Elétrica, em interferência entre sinais analógicos e digitais em sistemas de cabeamento estruturado pela Universidade Presbiteriana Mackenzie; mestre em Engenharia Elétrica em propagação de sinais em cabos balanceados em sistemas de cabeamento estruturado pelo Mackenzie; especialista em telecomunicações (filtros ótimos) pela mesma instituição; e engenheiro eletricista pleno pela Faculdade de Engenharia São Paulo (Fesp). Participou de cursos sobre sustentabilidade, energia sustentável, comunicações digitais e processamento digital de sinais em instituições de ensino superior nos Estados Unidos e no Canadá.

É membro sênior do Institute of Electrical and Electronics Engineers (IEEE), nos Estados Unidos, e participa da EMC Society.

Como membro da BICSI, ocupou vários cargos e participa ativamente dos comitês técnicos para o desenvolvimento e revisão da literatura técnica da BICSI nos Estados Unidos.

É membro do subcomitê ANSI/BICSI-002, responsável pelo desenvolvimento da norma estadunidense de infraestrutura para data centers e práticas recomendadas e coordenador do subcomitê ANSI/BICSI-005, responsável pelo desenvolvimento da norma de segurança eletrônica (ESS), nos Estados Unidos.

Também é autor de vários livros técnicos, publica artigos internacionalmente, é colunista da *Revista RTI* e possui uma seção mensal de perguntas e respostas na revista desde 2001. Coordena a comissão de estudo ABNT/COBEI (CE 003:046.005), responsável pelo desenvolvimento das normas brasileiras de cabeamento estruturado para edifícios comerciais, data centers, residências, indústrias e caminhos e espaços para cabeamento.

APRESENTAÇÃO

A tecnologia da informação (TI), área em constante desenvolvimento e crescimento, tem demandado profissionais com conhecimentos técnicos nas áreas de infraestrutura física de redes, ou seja, sistemas elétricos, ar-condicionado, segurança e cabeamento estruturado em cobre e fibras ópticas. Essas habilidades são raras nos profissionais de redes.

É comum a divisão das especialidades dos profissionais de redes em TI e infraestrutura (normalmente referida como *facilities* nas corporações). O profissional de TI é, usualmente, aquele responsável pelos processos operacionais e com pouca ou nenhuma formação em infraestrutura. O profissional de *facilities* é aquele que domina as áreas de infraestrutura e divide com o profissional de TI as responsabilidades de gerenciamento e manutenção da rede. Essa divisão de funções vem sendo cada vez mais comum nas empresas.

Portanto, este livro é um excelente recurso para aqueles que querem adquirir conhecimento em infraestrutura de cabeamento (parte da infraestrutura de TI) e pretendem ingressar nesse mercado importante, crescente e promissor.

O segmento de cabeamento estruturado é uma técnica inicialmente desenvolvida em meados dos anos de 1980 com a publicação da então ANSI/TIA/EIA-568. Desde seu estabelecimento, o cabeamento estruturado vem evoluindo a passos largos, de uma Categoria 3 com largura de banda de 16 MHz às categorias 8.1 e 8.2, com largura de banda de 2000 MHz (2 GHz).

Algumas mudanças importantes vêm acontecendo na área, especialmente no Brasil. A comissão de estudo da ABNT/COBEI, CE 003:046.005 tem sido muito ativa no desenvolvimento de normas de cabeamento estruturado. A terceira revisão da norma ABNT NBR 14565 (cabeamento estruturado para edifícios comerciais) foi concluída em 2019 e uma nova norma de cabeamento para *data centers* foi publicada no mesmo ano, a ABNT NBR 16665. Além disso outras normas foram publicadas ou revisadas como, por exemplo, a ABNT NBR 16415:2015 que especifica caminhos e espaços para cabeamento estruturado.

As aplicações Ethernet a 25, 40 e 100 Gb/s foram publicadas pelo IEEE e estão disponíveis para implementação em fibras ópticas. As fibras ópticas multimodo OM5 também foram padronizadas e estão encontrando aplicação em *data centers* e nos subsistemas de cabeamento de *backbone* de edifícios comerciais.

Como o leitor pode notar, muito tem sido feito na área de cabeamento estruturado e há ainda muito trabalho pela frente.

Assim, este livro, que é resultado de quase trinta anos de experiência e pesquisas que tenho dedicado a esse segmento, traz informações objetivas e relevantes para os estudantes dos cursos técnicos de informática, telecomunicações e tecnologia da informação (TI). Alguns autores se referem a essa área como Tecnologia da Informação e Comunicação (TIC), uma tradução direta de Information and

Communications Technology (ICT), em inglês. Eu, particularmente, prefiro me referir a ICT como Tecnologia da Informação e Redes, como faço ao longo do livro. A começar com um pouco de história do cabeamento estruturado, seus conceitos e aplicações, este livro oferece uma ampla cobertura do tema. A normalização vigente (nacional e internacional) é também discutida.

Os meios de transmissão são apresentados e seus princípios de operação estudados. Os tipos de cabos utilizados no cabeamento estruturado, suas características e aplicações são apresentados e discutidos.

Como o cabeamento estruturado segue uma topologia padronizada, os subsistemas do cabeamento estruturado são detalhados, assim como suas principais características de projeto e instalação. Para complementar os subsistemas do cabeamento, são apresentados, discutidos e detalhados os espaços de telecomunicações e redes. Isso é muito importante, pois cada subsistema do cabeamento estruturado tem sua origem (e seu destino) em um espaço técnico. Veremos aqui quais são esses espaços e quais seus requisitos de infraestrutura e dimensionamento.

As práticas de instalação, de fundamental importância para o desempenho ótimo das aplicações em cabeamento estruturado, são também detalhadas neste livro. Os requisitos de instalação de cabos balanceados, ópticos e seus respectivos componentes de conexão, bem como o método de emenda óptica por fusão são estudados aqui.

A certificação do cabeamento balanceado e os testes do cabeamento óptico são apresentados e detalhados nesta obra. O leitor vai aprender como certificar o cabeamento em cobre e a determinar a atenuação de enlaces ópticos com base no balanço de perda de potência óptica.

Noções sobre interferência eletromagnética em cabeamento estruturado são estudadas, bem como o conceito de compatibilidade eletromagnética. Métodos de blindagem e aterramento são discutidos e detalhados.

Para finalizar, um capítulo inteiro dedicado às tecnologias PoE (*Power over Ethernet*) e Internet das Coisas (IoT, *Internet of Things*) traz definições dessas tecnologias, suas características técnicas, padronização e considerações de projeto de cabeamento estruturado para suportar PoE e IoT.

Todo o material é amplamente ilustrado, há exemplos práticos e ao final de cada capítulo há exercícios de fixação para que o leitor aplique os conhecimentos adquiridos.

Como você pode notar, esta obra apresenta uma abordagem prática, atualizada e ampla do tema cabeamento estruturado, um trabalho feito com seriedade, responsabilidade e precisão.

Aproveito para expressar minha satisfação em escrever este livro especialmente dedicado àqueles que desejam ingressar neste mercado tão atraente e dinâmico e reafirmo meu compromisso em trazer contribuição valiosa para a formação, bem como educação continuada dos profissionais das áreas de informática, telecomunicações e TI.

O autor

SUMÁRIO

1

CABEAMENTO ESTRUTURADO

PARA COMEÇAR

O objetivo deste capítulo é apresentar um histórico sobre o cabeamento estruturado, seu contexto e aplicações. Os conceitos sobre os sistemas de cabeamento estruturado são apresentados, bem como seus subsistemas de *backbone* e horizontal. Os cabos utilizados no cabeamento são especificados em termos de suas categorias de desempenho e classes de aplicações, que são também apresentadas e explicadas neste capítulo. Para oferecer uma base sólida para os capítulos subsequentes, as principais normas que se aplicam aos sistemas de cabeamento estruturado são apresentadas aqui de forma breve e objetiva.

1.1 Um pouco de história sobre o cabeamento estruturado

Antes da quebra do monopólio do Sistema Bell nos Estados Unidos, em 1984, os edifícios eram projetados subestimando-se os serviços de comunicações que viriam a ser operados por seus usuários. Embora as companhias telefônicas locais tivessem a oportunidade de instalar o seu cabeamento de voz na etapa da construção, o pessoal de Tecnologia da Informação (TI) normalmente precisava instalar o seu cabeamento após a ocupação do espaço.

Nesse período, o cabeamento de voz tinha estrutura mínima; uma instalação típica de cabeamento em um edifício comercial consistia em segmentos de cabos de pares trançados, não blindados (U/UTP, *Unshielded/Unshielded Twisted Pair*) para voz em topologia estrela. O comprimento máximo dos segmentos de cabos e a quantidade de *cross-connects* ou distribuidores era determinada pelo instalador ou pelo fabricante do equipamento ativo de rede (de dados e/ou voz).

Os modelos mais antigos de cabeamento de dados utilizados nos anos de 1960 em conexões ponto a ponto de computadores *host* para terminais de dados consistiam principalmente em transmissão de sinal desbalanceado por meio de cabeamento de pares trançados de baixa capacidade.

Em meados de 1970, foram introduzidos computadores de grande porte, *mainframes*, que usavam cabos coaxiais. Mais tarde, a introdução do BALUN permitiu que equipamentos baseados em cabos coaxiais fossem atendidos pelo mesmo cabeamento de pares trançados usados para voz. O BALUN (termo derivado de balanceado/desbalanceado – *BALance/UNbalance*) permitiu a conversão de um sinal desbalanceado em balanceado (e vice-versa) para sua transmissão por cabos de pares trançados.

Na década de 1980, com a evolução da tecnologia Ethernet, a então 10BASE-T que operava a 10 Mb/s passou a ser implementada em cabeamento Categoria 3/Classe C.

Em 1985, a Electronic Industries Alliance (EIA), agora extinta, e a Telecommunications Industry Association (TIA) organizaram comitês técnicos para desenvolver um conjunto uniforme de padrões para cabeamento estruturado em edifícios comerciais. Normas para cabeamento, infraestrutura predial para cabeamento, gerenciamento e aterramento, entre outras, foram desenvolvidas.

Os comitês de normalização em sistemas de cabeamento estruturado têm sido bastante ativos. Várias normas têm sido publicadas e revisadas como a brasileira ABNT NBR 14565, a série de normas internacionais ISO/IEC 11801, a série de normas norte-americanas ANSI/TIA-568, entre outras.

FIQUE DE OLHO!

Você deve observar que há referências a várias normas neste capítulo. Como as normas são identificadas pelo ano de publicação, para saber qual é revisão mais recente de uma determinada norma, veja a seção "Referências Bibliográficas" ao final do livro.

1.2 Cabeamento estruturado – conceitos

O cabeamento estruturado é um sistema que envolve cabos e componentes de conexão (conforme definidos em normas técnicas), capaz de atender às necessidades de telecomunicações e TI dos usuários de redes nos mais diferentes tipos de edificações. Um sistema de cabeamento estruturado deve ser projetado de modo que, em cada área de trabalho, qualquer serviço de telecomunicações ou TI possa ser habilitado e utilizado por qualquer usuário da rede em todo o edifício (ou edifícios). Em um sistema de cabeamento estruturado, cada tomada instalada em uma área de trabalho é uma tomada de telecomunicações e pode ser usada para qualquer aplicação disponível na rede indistintamente. Em cabeamento estruturado não há tomadas específicas para voz, para dados ou para qualquer outro serviço que venha a ser utilizado na rede. Dependendo das posições em que são conectados os *patch cords* nos distribuidores de piso, uma tomada usada para voz pode ser facilmente remanejada para um serviço de dados, para uma impressora em rede etc.

Esse conceito é geralmente mal interpretado pelos profissionais de cabeamento no Brasil e, por isso, muitas instalações vendidas como estruturadas não são mais que sistemas independentes e isolados cujos pontos de uso terminam em uma mesma área de trabalho.

O subsistema de cabeamento horizontal de um cabeamento estruturado poderia, *a priori*, ser projetado e instalado sem um conhecimento prévio das aplicações. Para isso, bastaria escolher uma categoria de desempenho capaz de atender às aplicações atualmente em uso nesse subsistema, oferecendo ainda alguma capacidade de implementação de aplicações mais exigentes. No entanto, o projeto do *backbone* exige um bom conhecimento das aplicações a serem implementadas.

A distribuição do cabeamento de *backbone* pode conter diferentes tipos de cabos para serviços distintos provenientes de pontos diversos de entrada de serviços, porém todos eles devem convergir para um único distribuidor de *campus*.

FIQUE DE OLHO!

Você deve estar se perguntando o que são os subsistemas do cabeamento estruturado. Um sistema de cabeamento estruturado é dividido em subsistemas. O subsistema de cabeamento horizontal é a parte que atende os usuários em suas áreas de trabalho e o subsistema de *backbone* é aquele que distribui o cabeamento entre os andares de um prédio ou entre prédios.

1.3 Categorias e classes de desempenho

Os sistemas de cabeamento são especificados por suas categoria e classe de desempenho. Aqui vale uma breve explicação sobre esses termos. As normas ISO/IEC e ABNT NBR utilizam ambos, enquanto as normas ANSI/TIA referem-se apenas a categorias de desempenho. No universo de normalização ISO/IEC e ABNT NBR, a categoria de desempenho se aplica a cabos e componentes do cabeamento e, a classe, ao cabeamento e aplicações. No ambiente ANSI/TIA, cabos, componentes e cabeamento são especificados em categorias de desempenho. Em cabeamento estruturado, de acordo com as normas vigentes, as categorias de desempenho são definidas de 3 a 8, e as classes de desempenho, de A à F_A.

Embora a Categoria 3 ainda seja reconhecida por normas técnicas vigentes, ela já caiu em desuso há décadas devido à sua limitada largura de banda de 16 MHz para as aplicações atualmente em uso nas redes. Portanto, na prática, a primeira categoria de desempenho de interesse é a Categoria 5e, com largura de banda de 100 MHz, capaz de operar aplicações como *Fast Ethernet*, a 100 Mb/s e *Gigabit Ethernet*, a 1000 Mb/s (1 Gb/s). Em seguida, vêm a Categoria 6 (250 MHz), capaz de operar *Gigabit Ethernet* e 10 GbE (10 Gb/s) em certas condições, a Categoria 6 Aumentada (Cat. 6A) com 500 MHz de largura de banda (capaz de operar 19 GbE sem restrições), a Categoria 7 (600 MHz), a Categoria 7 Aumentada (Cat. 7A) com 1000 MHz de largura de banda, a Categoria 8.1 (2000 MHz) e a Categoria 8.2 (2000 MHz).

As especificações dos sistemas de cabeamento Categoria 6/Classe E (250 MHz), Categoria 6A/Classe E_A (500 MHz), Categoria 7/Classe F (600 MHz), Categoria 7A/Classe F_A (1000 MHz), Cat. 8.1 (2000 MHz) e Cat. 8.2 (2000 MHz) existem para suportar aplicações que requeiram larguras de banda superiores ou necessitem de sistemas de cabeamento capazes de oferecer canais livres de ruídos e com baixos níveis de interferência eletromagnética. Sistemas categorias 6A, 7, 7A, 8.1 e 8.2 são ótimas opções para ambientes com altos níveis de ruídos. Se você precisa compartilhar serviços de naturezas distintas em um mesmo cabo de pares trançados e precisa garantir os mínimos níveis possíveis de interferência eletromagnética entre eles, dê preferência aos sistemas categorias 7, 7A, 8.1 e 8.2, pois esses sistemas de cabeamento são blindados e têm dupla blindagem.

Se o projeto é para cabear um *data center*, prefira sistemas Categoria 6A blindados, por exemplo. A Tabela 1.1 traz um quadro que resume as categorias de desempenho e classes de aplicações.

Tabela 1.1 - Quadro-resumo com as categorias de desempenho especificadas para sistemas de cabeamento estruturado

Categoria/ classe	Normas aplicáveis	Tipos de cabos reconhecidos	Largura de banda	Comprimento máximo de canal
Categoria 3/ Classe C	TIA, ISO/IEC, NBR	U/UTP e F/UTP	16 MHz	100 m
Categoria 5e/ Classe D	TIA, ISO/IEC, NBR	U/UTP e F/UTP	100 MHz	100 m
Categoria 6/ Classe E	TIA, ISO/IEC, NBR	U/UTP e F/UTP	250 MHz	100 m
Categoria 6A/ Classe E_A	TIA, ISO/IEC, NBR	U/UTP e F/UTP	500 MHz	100 m
Categoria 7/ Classe F	TIA, ISO/IEC, NBR	S/FTP e F/FTP	600 MHz	100 m
Categoria 7A/ Classe F_A	TIA, ISO/IEC, NBR	S/FTP e F/FTP	1 GHz	100 m
Categoria 8.1/ Class I	ISO/IEC, NBR	F/UTP	2 GHz	30 m
Categoria 8.2/ Class II	ISO/IEC, NBR	S/FTP	2 GHz	30 m

AMPLIE SEUS CONHECIMENTOS

As normas brasileiras reconhecem categorias de desempenho e classes de aplicação, as normas americanas reconhecem apenas categorias de desempenho, as normas ISO (internacionais) reconhecem classes de aplicações e categorias de desempenho. Consulte as normas de cabeamento estruturado para mais informações (ver "Referências Bibliográficas" ao final deste livro para obter os títulos das normas correspondentes e então pesquisar os conteúdos delas para informações mais detalhadas).

1.4 As normas brasileiras de cabeamento estruturado para edifícios comerciais e *data centers*

A norma brasileira de cabeamento estruturado para edifícios comerciais, a ABNT NBR 14565, utiliza como base a norma internacional ISO/IEC 11801-2 (*Information technology – Generic cabling for customer premises – Part 2: Office premises,* em português, Cabeamento genérico para as dependências do cliente – Parte 2: escritórios). A NBR 14565 especifica um cabeamento estruturado para um edifício ou conjunto de edifícios em um *campus* e contempla cabeamento em cobre (cabos metálicos) e fibras ópticas (cabos ópticos). Ela especifica os seguintes elementos funcionais do cabeamento para edifícios comerciais:

- distribuidor de *campus* (CD);
- *backbone* de *campus*;
- distribuidor de edifício (BD);
- *backbone* de edifício;
- distribuidor de piso (FD);
- cabeamento horizontal;
- ponto de consolidação (CP);
- cabo do ponto de consolidação;
- tomada de telecomunicações multiusuário (MUTO);
- tomada de telecomunicações (TO).

A Figura 1.1 mostra a topologia de um sistema de cabeamento estruturado para edifícios comerciais.

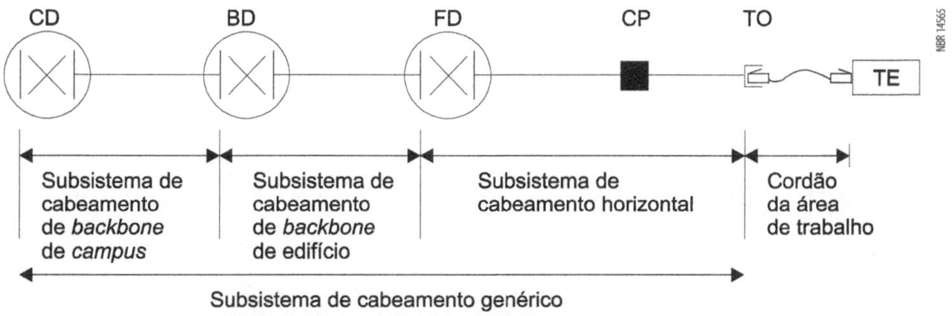

Figura 1.1 - Topologia do cabeamento estruturado em edifícios comerciais.

A NBR 14565 especifica as seguintes classes e categorias de desempenho para o cabeamento balanceado:

- Classe A: especificada até 100 kHz.
- Classe B: especificada até 1 MHz.
- Classe C/Categoria 3: especificada até 16 MHz.
- Classe D/Categoria 5e: especificada até 100 MHz.
- Classe E/Categoria 6: especificada até 250 MHz.
- Classe E_A/Categoria 6A: especificada até 500 MHz.
- Classe F/Categoria 7: especificada até 600 MHz.
- Classe F_A/Categoria 7A: especificada até 1000 MHz.
- Categoria 8: especificada até 2000 MHz.

As classes A, B e C não são reconhecidas para uso em sistemas de cabeamento estruturado, porém podem ser utilizadas para aplicações de voz; o mesmo vale para os cabos de cobre multipares. O cabeamento Categoria 3/Classe C é somente capaz de suportar a transmissão de dados em baixas velocidades (até 10 Mb/s), porém na prática essa aplicação não é mais utilizada há décadas.

As categorias 5e, 6, 6A, 7, 7A e 8 (classes D, E, E_A, F e F_A) são reconhecidas para uso em edifícios comerciais em ambos os subsistemas de cabeamento, isto é, horizontal e *backbone*. De qualquer forma, o uso de cabeamento categorias 7 e superiores é pouco comum no subsistema de cabeamento horizontal. Os cabos ópticos reconhecidos são os cabos OM1, OM2, OM3, OM4 e OM5 (multimodo) e os cabos OS1 e OS2 (monomodo). Os cabos OM3 a OM5 são otimizados para transmissão *laser* e oferecem suporte a aplicações de altas velocidades. O uso de cabeamento óptico em edifícios comerciais é mais comum no subsistema de *backbone*.

A norma brasileira de cabeamento estruturado para *data centers*, a ABNT NBR 16665:2019, baseia-se na norma internacional ISO/IEC 11801-5 (*Information technology – Generic cabling for customer premises – Part 5: data centers*, em português, Cabeamento genérico para as dependências do cliente – Parte 5: *data centers*) e especifica os seguintes elementos funcionais:

- interface de rede externa (ENI);
- cabo de acesso à rede;
- distribuidor principal (MD);
- cabo de *backbone*;
- distribuidor intermediário (ID);
- cabo de *backbone*;
- distribuidor de zona (ZD);
- cabeamento horizontal;
- ponto de distribuição local (LDP);
- cabo do ponto de distribuição local (cabo do LDP);
- tomada de equipamento (EO).

A Figura 1.2 mostra a topologia de cabeamento estruturado para *data centers* conforme a norma brasileira ABNT NBR 16665.

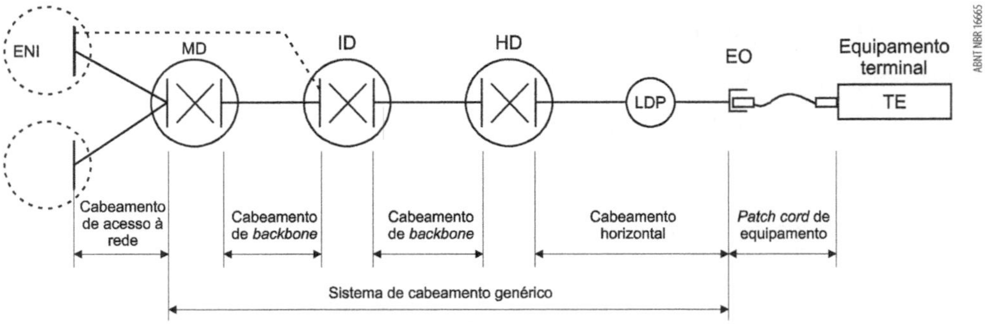

Figura 1.2 - Topologia do cabeamento estruturado em *data centers*.

A nomenclatura adotada pela NBR segue o padrão ISO e, portanto, é, em geral, diferente daquela adotada pelas normas americanas desenvolvidas pela ANSI/TIA.

Embora a ABNT NBR 16665 reconheça, para o cabeamento do *data center*, os mesmos cabos e cabeamento reconhecidos pela ABNT NBR 14565 para edifícios comerciais, uma boa recomendação é que a Categoria 6A seja a menor categoria de desempenho de cabeamento em cobre adotada para o subsistema de cabeamento horizontal de um *data center*. Da mesma forma, a fibra óptica multimodo OM4 deve ser a menor classificação utilizada no cabeamento óptico de um *data center*.

A NBR 14565 traz especificações para cabeamento óptico centralizado, cabeamento para pontos de acesso para redes sem fio e cinco anexos, entre informativos (recomendações) e normativos (especificações). Entre esses anexos vale destacar os anexos D (aplicações suportadas) e E (aplicações suportadas em uma rede sem fio).

Quanto à ABNT NBR 16665, vale destacar seu Anexo B, que traz recomendações de melhores práticas de projeto e instalação de infraestrutura para *data centers*.

1.5 A norma internacional de cabeamento estruturado

A série de normas internacionais ISO/IEC (*Information technology – Generic cabling for customer premises*, em português, Tecnologia da informação – cabeamento genérico para as dependências do cliente) especifica sistemas de cabeamento estruturado e é composta de seis partes:

- ISO/IEC 11801-1: requisitos gerais.
- ISO/IEC 11801-2: escritórios.
- ISO/IEC 11801-3: indústrias.
- ISO/IEC 11801-4: residências.
- ISO/IEC 11801-5: *data centers*.
- ISO/IEC 11801-6: serviços distribuídos.

As normas brasileiras de cabeamento estruturado, desenvolvidas pela CE 003:046.005, são baseadas nessas normas ISO/IEC. No entanto, embora as normas brasileiras possam ser, por questões legais, versões traduzidas de normas ISO/IEC, nossas normas de cabeamento estruturado não seguem esse modelo, pois trazem conteúdo próprio.

Por participar do sistema internacional de normalização, normas ISO/IEC são reconhecidas legalmente no Brasil, especialmente em casos em que não há normas ABNT NBR disponíveis.

1.6 As normas norte-americanas

A série de normas norte-americanas ANSI/TIA-568 especifica sistemas de cabeamento estruturado e é composta por cinco partes:

- ANSI/TIA-568.0-D: cabeamento estruturado genérico nas dependências do cliente.
- ANSI/TIA-568.1-D: cabeamento estruturado para edifícios comerciais.
- ANSI/TIA-568.2-D: cabeamento estruturado balanceado e componentes.

- ANSI/TIA-568.3-D: cabeamento estruturado óptico e componentes.
- ANSI/TIA-568.4-D: cabeamento coaxial de banda larga e componentes.

A ANSI/TIA-568.0-D especifica um cabeamento de uso geral. Normalmente, uma boa opção para ambientes que não têm normas específicas, como portos e aeroportos. A TIA-568.1-D especifica o cabeamento estruturado em edifícios comerciais e se aplica a, praticamente, todos os tipos de edifícios comerciais. A TIA-568.2-D especifica o desempenho do cabeamento estruturado em pares trançados e componentes; já a TIA-568.3-D especifica o desempenho do cabeamento em fibras ópticas e componentes, cobrindo instalações em fibras ópticas monomodo e multimodo. A TIA-568.4-D especifica um sistema de cabeamento em cabos coaxiais para aplicações de banda larga.

Embora as normas norte-americanas sejam frequentemente utilizadas como referência em projetos de cabeamento no Brasil, é importante explicar que, no âmbito legal, essas normas não são reconhecidas no país. Isso se aplica especialmente em licitações públicas.

VAMOS RECAPITULAR?

Neste capítulo foram estudados os conceitos dos sistemas de cabeamento estruturado e vimos que entre suas aplicações está sua utilização como infraestrutura para redes de TI e telecomunicações, porém não se limita a elas.

Aprendemos que os cabos reconhecidos para uso em cabeamento estruturado são os cabos metálicos e ópticos. Os cabos metálicos são especificados em termos de categoria de desempenho, que servem como meio físico para as aplicações em redes que são especificadas em classes. Vimos um apanhado das normas mais importantes que se aplicam a cabeamento estruturado.

AGORA É COM VOCÊ!

1. Qual foi a motivação para o desenvolvimento do cabeamento estruturado e quais são suas aplicações em informática? Quais serviços podem ser implementados sobre o cabeamento estruturado?
2. Qual é a relação entre categoria de desempenho e classe de aplicação? Como um sistema de cabeamento deve ser especificado, em termos de categoria de desempenho ou classe de aplicação?
3. Quais são as normas mais utilizadas para projeto e implementação de cabeamento estruturado no Brasil?
4. Qual é a principal diferença entre a topologia de cabeamento estruturado para edifícios comerciais e *data centers*?
5. Qual é a aplicação das fibras ópticas no cabeamento estruturado?

2

MEIOS DE TRANSMISSÃO

PARA COMEÇAR

O objetivo deste capítulo é apresentar e discutir os meios físicos utilizados em cabeamento estruturado começando pelo conceito de sistema de comunicação e sua relação com o meio físico. Estudaremos os cabos de pares trançados e os cabos ópticos, bem como onde são utilizados no cabeamento estruturado, seus princípios de funcionamento e componentes para compor enlaces e canais.

2.1 Cabos de pares trançados

Um meio ou canal de transmissão é o caminho utilizado para que um sinal elétrico ou uma informação seja enviada de um transmissor para um receptor. A Figura 2.1 mostra um esquema de comunicação e sua relação com o meio de transmissão.

Figura 2.1 - O meio físico como parte de um sistema de comunicação.

Em sistemas de comunicação por rádio, por exemplo, esse caminho é o ar. Em um sistema de cabeamento estruturado, o caminho é um cabo, que pode ser metálico (cabos de pares trançados) ou óptico (fibras ópticas). Vamos conhecer agora as principais características dos cabos de pares trançados utilizados no cabeamento.

Como vimos no capítulo anterior, um sistema de cabeamento estruturado é composto por cabos e componentes de conexão, também referidos como hardware de conexão (*patch panels*, tomadas etc.). Eles devem ser conectados entre si para formar um caminho de transmissão entre os equipamentos da rede, por exemplo um *switch* Ethernet e um computador em uma área de trabalho, conforme ilustrado na Figura 2.2.

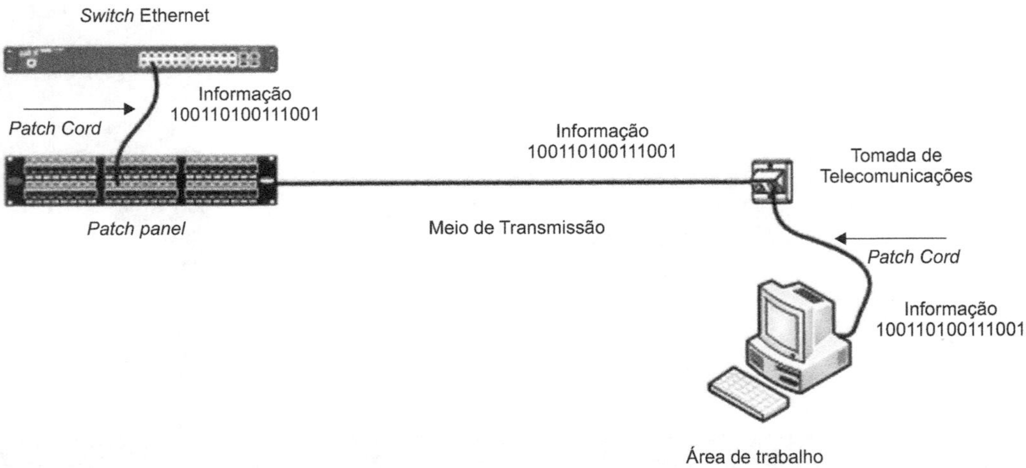

Figura 2.2 - O cabeamento como meio de transmissão em uma rede.

Quando o meio de transmissão é formado por cabos metálicos, ele pode ser de condutores paralelos, cabos coaxiais ou cabos balanceados, que são os cabos de pares trançados. Cada tipo de construção de cabo oferece suas caraterísticas próprias que são mais adequadas a um determinado mecanismo de transmissão. Devido às características dos sistemas de cabeamento estruturado, o meio físico metálico padronizado é o cabo balanceado.

2.1.1 Princípios de funcionamento

Um circuito simples, que consiste em dois condutores trançados entre si, pode ser considerado uniforme e uma linha de transmissão balanceada. Uma linha de transmissão uniforme é aquela que tem propriedades elétricas substancialmente idênticas ao longo de seu comprimento, enquanto uma linha de transmissão balanceada é aquela que possui condutores eletricamente idênticos e simétricos com relação à terra e condutores vizinhos.

O conceito "eletricamente balanceado" está relacionado à geometria do cabo e às propriedades de isolação de um par de condutores trançados. Quando dois condutores isolados são fisicamente idênticos em diâmetro, material dielétrico (isolante) e são uniformemente trançados em comprimento, então dizemos que o par é eletricamente balanceado. O conceito de balanceamento aplica-se a condutores em um mesmo par e a pares de condutores trançados dentro de um mesmo cabo. O grau de balanceamento elétrico de um cabo depende de seu projeto, bem como do processo de fabricação. Por exemplo, cabos Categoria 6 e Categoria 6 Aumentada (Cat.6A) requerem um melhor grau de balanceamento do canal que os cabos Categoria 5e, por exemplo. A Figura 2.3 apresenta o conceito de balanceamento.

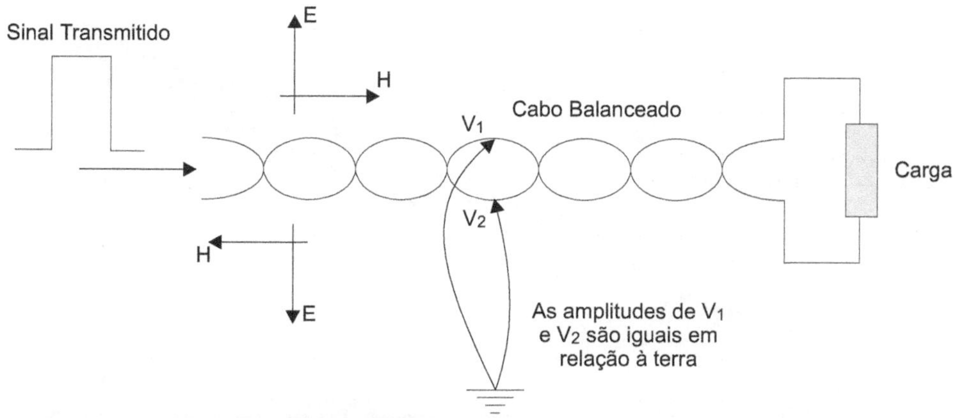

Figura 2.3 - Conceito de cabo balanceado.

Quando um sinal elétrico é aplicado a um meio físico metálico, a corrente elétrica que percorre os condutores gera campos elétrico e magnético, conforme mostrado na Figura 2.3. Os campos elétrico (E) e magnético (H) criados por um dos condutores cancelam os mesmos campos criados pelo outro condutor do par, levando o sistema balanceado de um determinado nível de irradiação para um nível inferior. Essa propriedade garante níveis mínimos de interferência eletromagnética dentro do cabo e minimiza as perdas por interferência. O conceito de balanceamento se aplica a ruídos externos que podem ser acoplados a outros condutores ou pares de um cabo ou até mesmo cabos próximos. Outra característica de um meio físico balanceado é que a tensão medida em um condutor do par em qualquer ponto do canal em relação à terra é igual à tensão medida no outro condutor no mesmo ponto. No entanto, se olharmos as formas de ondas de cada sinal, veremos que elas têm as fases invertidas, como mostra a Figura 2.4.

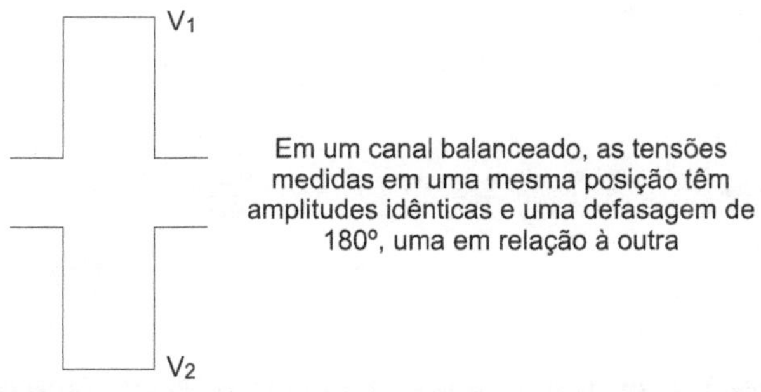

Figura 2.4 - Defasagem entre sinais transmitidos por um meio físico balanceado.

2.1.2 Tipos de cabos e aplicações

Os cabos balanceados utilizados em cabeamento estruturado podem ser basicamente de dois tipos: sem blindagem e blindados. Os cabos sem blindagem são denominados U/UTP (*Unshielded/Unshielded Twisted Pair*, par trançado sem blindagem), conforme mostrado na Figura 2.5.

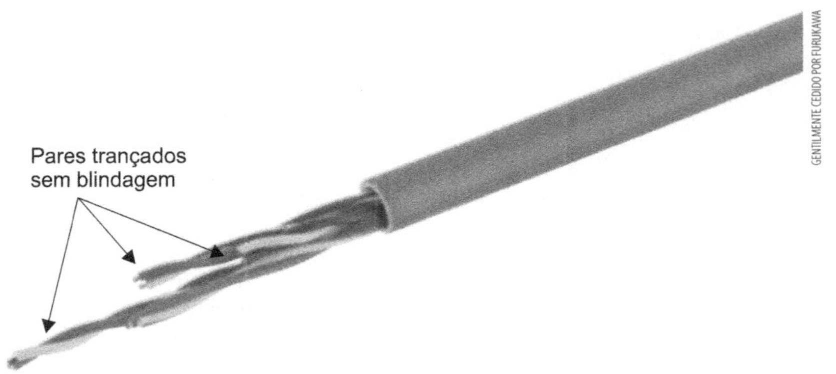

Figura 2.5 - Exemplo de construção de um cabo U/UTP.

A denominação U/UTP serve para indicar que esse cabo não possui qualquer tipo de blindagem, ou seja, seus pares não são blindados individualmente e não há uma blindagem geral externa.

A Figura 2.6 mostra um exemplo de construção de um cabo F/UTP.

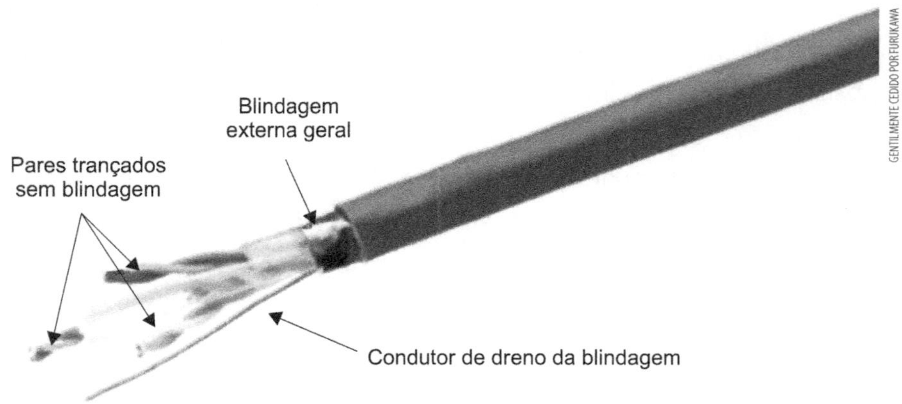

Figura 2.6 - Exemplo de construção de um cabo F/UTP.

A denominação F/UTP serve para indicar que esse cabo não tem blindagem para seus pares individualmente, porém tem uma blindagem geral externa feita com uma folha metálica. Os cabos blindados S/FTP (*Screened/Foiled Twisted Pair*) são aqueles que têm uma blindagem para cada par individual feita com uma folha metálica (*foil*) e uma blindagem geral, constituída por uma malha de blindagem (*screen*). A Figura 2.7 mostra um exemplo desse tipo de cabo.

Cada tipo de cabo deve ser montado em um componente de conexão de mesmo tipo, ou seja, cabos sem blindagem devem ser montados em componentes sem blindagem e cabos blindados devem ser montados em componentes blindados. Os principais componentes do cabeamento são apresentados e discutidos a seguir e as práticas de instalação no Capítulo 5.

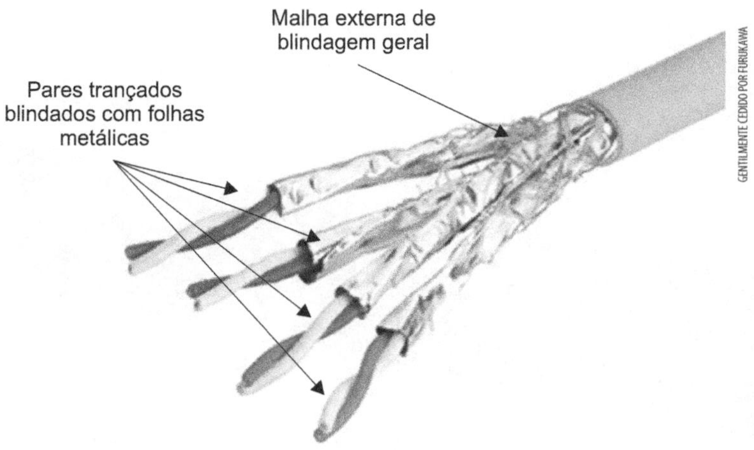

Figura 2.7 - Exemplo de construção de um cabo S/FTP.

FIQUE DE OLHO!

É importante explicar que as nomenclaturas dos cabos adotadas pelas normas que se aplicam a cabeamento estruturado são as três apresentadas aqui. No entanto, há outras nomenclaturas que podem ser encontradas no mercado. De qualquer forma, essas nomenclaturas, mesmo que diferentes daquelas reconhecidas pelas normas, estarão associadas a cabos dos mesmos tipos que os apresentados aqui.

2.1.3 Componentes do cabeamento em cobre

Como estudamos no Capítulo 1, um sistema de cabeamento estruturado é composto por cabos e componentes de conexão. A Figura 2.8 mostra um esquema genérico de distribuição de um enlace utilizando cabos balanceados, *patch panels* e tomadas RJ45 para configurar um sistema de cabeamento.

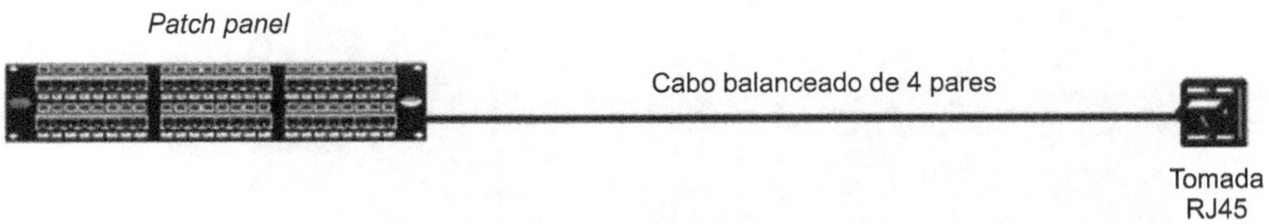

Figura 2.8 - Esquema genérico de distribuição de um enlace com cabos e componentes em cabeamento estruturado.

Quando falamos em esquema genérico, queremos dizer que todo cabeamento estruturado terá um ponto de distribuição de cabos e um ponto onde os usuários ou outros equipamentos serão conectados para interagir com ele. No exemplo da Figura 2.8 temos a distribuição de um enlace do subsistema de cabeamento horizontal (que será tratado em detalhes no Capítulo 3), em que podemos notar os principais componentes envolvidos. Vamos conhecer esses componentes?

Bem, o *patch panel* (que não tem uma tradução adequada para o português) é um painel que concentra várias tomadas RJ45, normalmente em múltiplos de 12, sendo os mais comuns de 24 portas e 48 portas. É importante lembrar que um *patch panel* é um componente passivo, ou seja, não tem qualquer eletrônica nele, como no caso dos *switches* e outros equipamentos ativos de rede. A Figura 2.9 apresenta um exemplo de um *patch panel* de 24 portas para cabos não blindados.

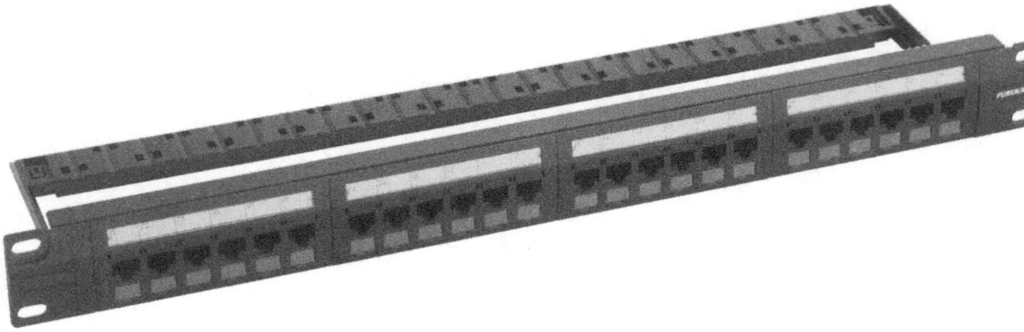

GENTILMENTE CEDIDO POR FURUKAWA

Figura 2.9 - Exemplo de um *patch panel* para cabos U/UTP, de 24 portas.

Os cabos balanceados, que são lançados a partir de um distribuidor, devem ser montados na parte traseira do *patch panel* com o uso de ferramentas adequadas. A montagem dos cabos recebe a denominação de terminação ou, popularmente, "conectorização". O termo terminação é mais adequado por ser reconhecido por normas técnicas de cabeamento. A Figura 2.10 mostra a parte traseira de um *patch panel* com cabos U/UTP terminados nele.

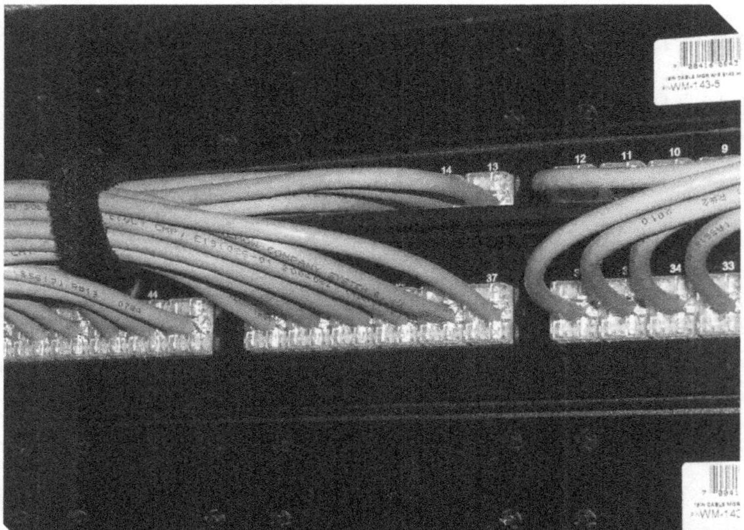

Figura 2.10 - Detalhe da terminação de cabos U/UTP de quatro pares nas portas de um *patch panel* (painel visto pela parte traseira).

O segmento de cabo (U/UTP nesse caso), que é terminado no *patch panel* em uma extremidade do enlace, tem sua outra extremidade terminada em uma tomada padrão RJ45, sem blindagem. A Figura 2.11 mostra exemplos de tomadas RJ45 com e sem blindagem.

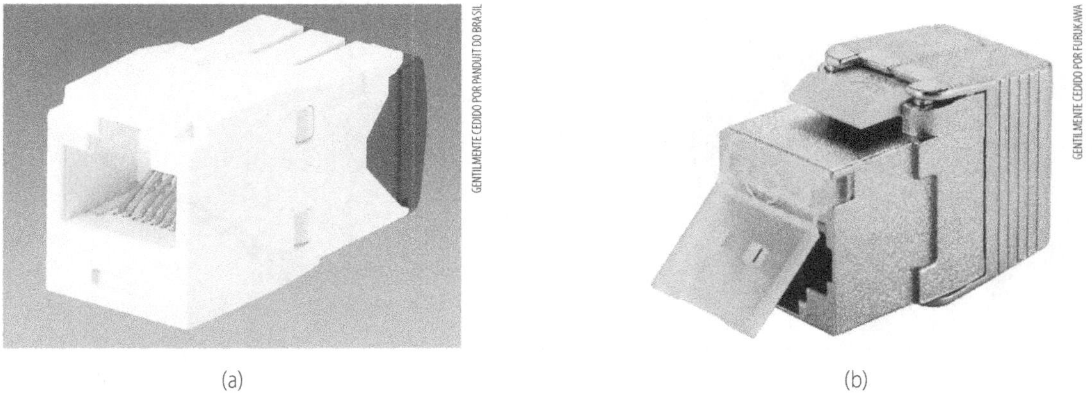

(a) (b)

Figura 2.11 - Exemplos de tomadas padrão RJ45 sem blindagem (a) e blindada (b).

Repare que, com os três elementos básicos (*patch panel*, cabo balanceado e tomada padrão RJ45), podemos implementar um enlace de cabeamento estruturado que poderá ser utilizado para a distribuição de serviços de telecomunicações e redes em uma instalação. A Figura 2.12 mostra os elementos do cabeamento estruturado de forma esquemática, bem como seus componentes e cabo.

Figura 2.12 - Elementos do cabeamento estruturado.

Agora que sabemos como implementar um enlace de cabeamento estruturado, como fazemos para conectar os equipamentos a ele?

Bem, como vimos até aqui, há um padrão de conexão que foi adotado para a implementação do nosso enlace do cabeamento; nesse caso, o padrão adotado é o RJ45 de ponta a ponta. Apesar de haver outros padrões de conexão, praticamente todos os equipamentos que operam em rede têm portas RJ45. Portanto, para a conexão deles ao cabeamento vamos precisar de cordões denominados *patch cords* (este é outro termo adotado em nosso jargão técnico) com plugues RJ45 em cada ponta, como mostra a Figura 2.13.

GENTILMENTE CEDIDO POR FURUKAWA

(a) *Patch cord* RJ45-RJ45 (b) Detalhe de uma das pontas do *patch cord*

Figura 2.13 - Exemplo de um *patch cord* para a conexão de equipamentos ativos de rede ao cabeamento.

FIQUE DE OLHO!

As normas de cabeamento em geral não especificam padrões de conexão. Portanto, mesmo que pouco comum, é possível que outros padrões sejam utilizados em uma rede, por exemplo o padrão GG45 e TERA, reconhecidos como opções de conexão para cabeamento Categoria 7/Classe F e Categoria 7_A/Classe F_A.

Para finalizar, a Figura 2.14 mostra exemplos dos conectores GG45 e TERA.

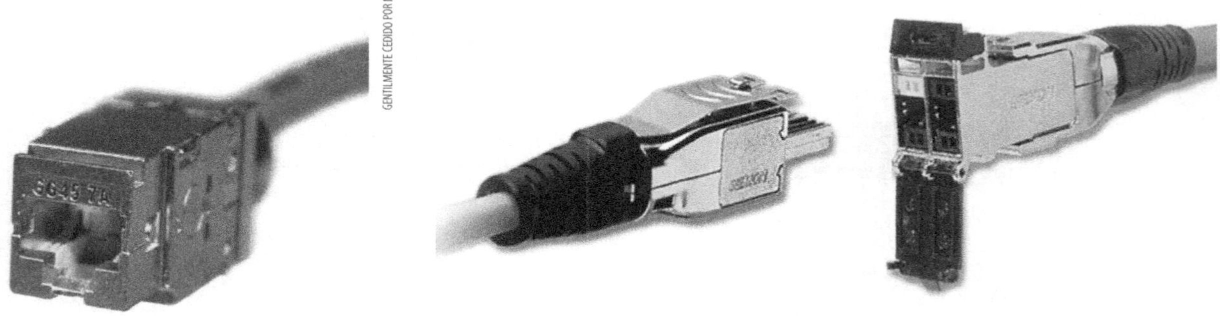

GENTILMENTE CEDIDO POR NEXANS

GENTILMENTE CEDIDO POR SIEMON

(a) Conector GG45 (b) Pugue e conector TERA

Figura 2.14 - Exemplos de conectores padrão GG45 (a) e TERA (plugue e conector) (b).

Os conectores mostrados na Figura 2.14 são para a terminação de cabos blindados tipo S/FTP, com dupla blindagem (ver a Figura 2.7 para mais detalhes sobre a construção desse cabo).

2.2 Cabos ópticos

Um enlace óptico deve oferecer uma conexão de baixas perdas entre um transmissor e um receptor e pode ser usado para transmitir sinais analógicos e digitais. A Figura 2.15 apresenta um esquema de comunicação óptica digital.

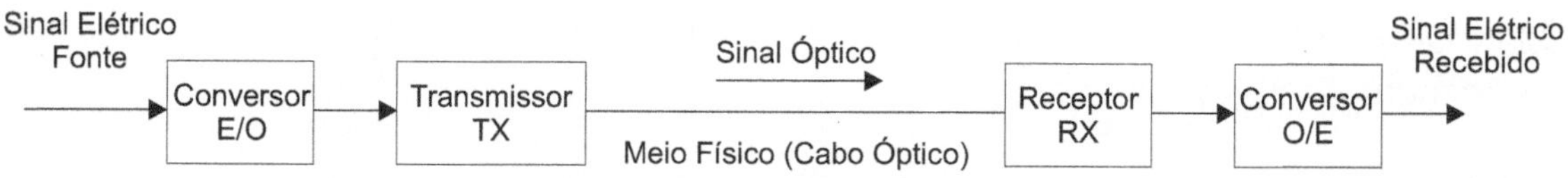

Figura 2.15 - Sistema de comunicação óptica.

Nesse sistema de comunicação, o sinal elétrico é convertido em sinal óptico por meio de um conversor E/O (elétrico/óptico) na etapa de transmissão. A conversão é necessária porque os sinais transmitidos pelas fibras ópticas são originalmente elétricos, gerados pela eletrônica dos equipamentos ativos da rede. Após sua transmissão pelo meio físico (fibra óptica, nesse caso), o sinal recebido precisa passar por um conversor O/E (óptico/elétrico) para ser então entregue ao equipamento terminal, que pode ser um *switch* Ethernet, uma placa de rede etc.

No que diz respeito à infraestrutura de transmissão (o cabeamento óptico propriamente dito), é necessário que o canal esteja dentro das especificações da aplicação ou aplicações que devem ser implementadas.

Como sabemos, as normas que especificam sistemas de cabeamento estruturado reconhecem cabos de cobre (como já estudado neste capítulo) e cabos ópticos.

Quando devemos utilizar cabos de cobre ou cabos ópticos em um cabeamento estruturado? Nos capítulos seguintes veremos que, dependendo da aplicação e do subsistema de cabeamento, pode ser mais adequado utilizar um meio físico ou outro.

2.2.1 Princípios de funcionamento das fibras ópticas

As fibras ópticas são filamentos capilares constituídos de vidro e são utilizadas para a transmissão de sinais ópticos. As fibras podem ser de dois tipos: monomodo e multimodo. Uma fibra multimodo é aquela que apresenta vários caminhos (*modos*) para a propagação da luz por meio de seu núcleo.

Uma fibra monomodo é assim classificada por apenas permitir que a luz se propague por um único caminho (*modo*) pelo interior de seu núcleo. A Figura 2.16 mostra os diferentes tipos de fibras e seus diâmetros de núcleo correspondentes, incluindo as fibras monomodo com diâmetros nominais que variam de 7 a 10 µm (9 µm é o diâmetro típico dos núcleos de cabos ópticos monomodo comerciais).

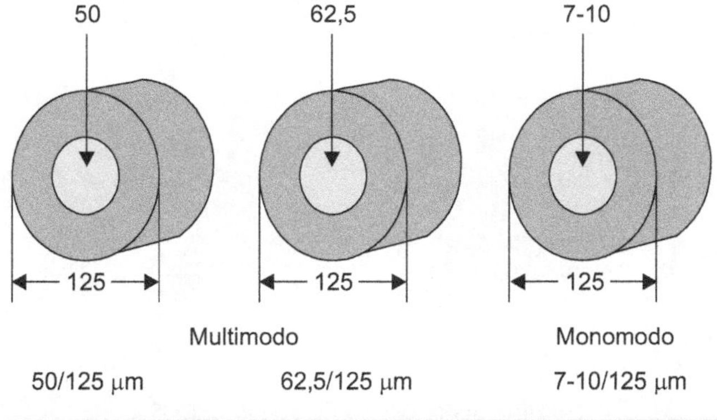

Figura 2.16 - Tipos de fibras ópticas e diâmetros de seus núcleos.

A Figura 2.17 mostra as características de propagação da luz pelo núcleo das fibras multimodo (MM, *multimode*) e monomodo (SM, *singlemode*).

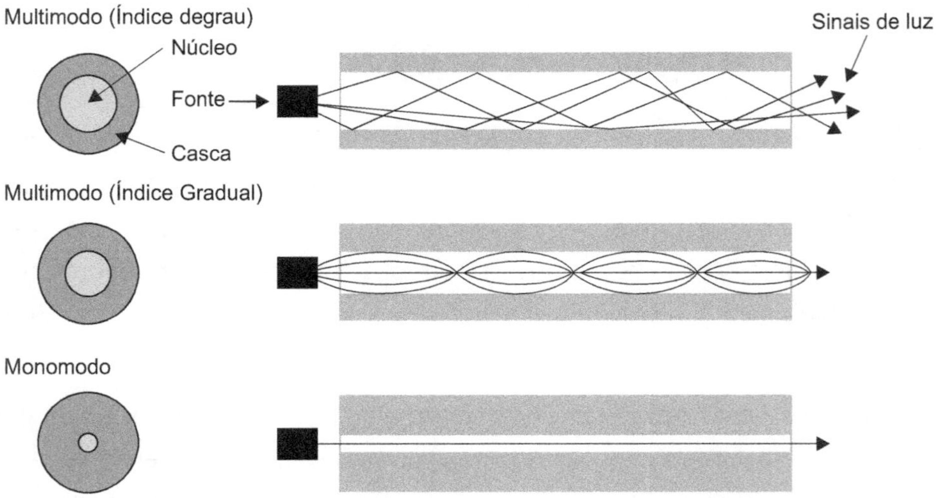

Figura 2.17 - Características de propagação da luz pelos núcleos das fibras multimodo e monomodo.

Na Figura 2.17 vemos que as fibras multimodo podem ainda ser classificadas como índice degrau e índice gradual. Isso tem relação com a construção do núcleo da fibra. Nas fibras MM índice degrau, o sinal luminoso é mais atenuado e distorcido que nas fibras MM índice gradual. As fibras monomodo não têm essa classificação por não apresentarem vários caminhos (*modos*) de propagação em seus núcleos.

Em termos de construção, as fibras são encapsuladas em cabos para seu devido uso e proteção. A Figura 2.18 mostra a construção típica de cabos ópticos com fibras com *buffer* do tipo *tight*, utilizadas em sua maioria em instalações internas de edifícios.

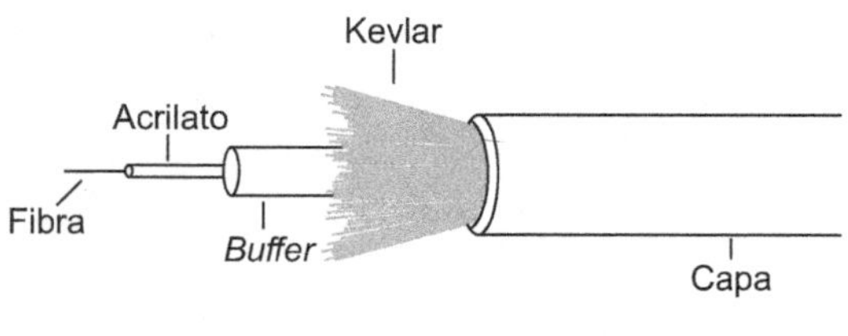

(a) Representação dos detalhes construtivos de um cabo óptico

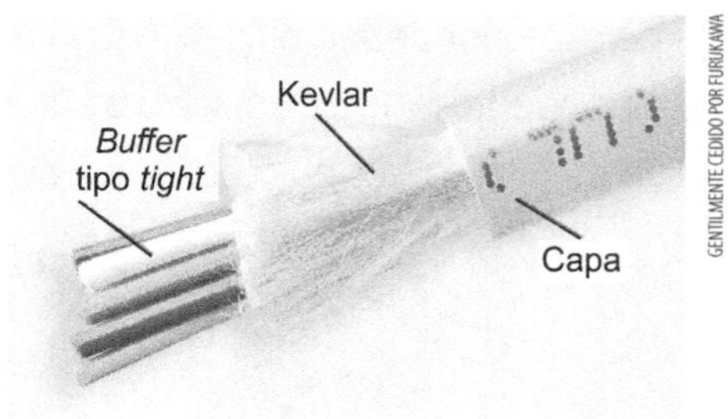

(b) Exemplo de um cabo óptico tipo *tight*

Figura 2.18 - Construção de um cabo óptico típico com fibras do tipo *tight*.

Os cabos ópticos são classificados quanto ao ambiente no qual serão instalados. Cabos de uso em planta externa (aéreos, por dutos etc.) são em geral mais robustos que os cabos utilizados em instalações internas em edifícios.

FIQUE DE OLHO!

Há vários tipos de cabos ópticos para atender a diferentes necessidades e aplicações, inclusive cabos ópticos que são construídos para instalação em planta externa e também dentro dos edifícios. Normalmente estes cabos têm *buffer* tipo *tight* e suas capas externas são construídas com materiais que resistem tanto às condições dos ambientes externos, quanto internos.

2.2.2 Tipos de cabos ópticos e aplicações

As fibras ópticas podem ser classificadas por seus tipos, sendo monomodo e multimodo, como já vimos, e também por tipos mais específicos. Por exemplo, as fibras multimodo podem ser de cinco tipos, OM1, OM2, OM3, OM4 e OM5, já as fibras monomodo podem ser OS1 e OS2. Há ainda uma classificação baseada nas distâncias de transmissão conhecida como "OF" e três classificações que são OF-300 (com alcance de 300 m), OF-500 (com alcance de 500 m) e OF-2000 (com alcance de 2000 m). No entanto, é importante entender que as distâncias de transmissão dessas fibras são as distâncias máximas permitidas pelos seus projeto e construção. Para que uma dada aplicação possa ter seu desempenho garantido em um cabo óptico para uma determinada distância, é necessário que as especificações das aplicações sejam conhecidas e atendidas.

As fibras ópticas são construídas para oferecer o que se chama "janela de transmissão", que corresponde à região para a qual o vidro que compõe a fibra óptica apresenta melhores características de transmissão da luz. Essas "janelas" são referidas tecnicamente como comprimento de onda. As fibras multimodo operam normalmente em comprimentos de onda de 850 nm e 1300 nm (nanometros) e as fibras monomodo em comprimentos de onda de 1310 nm e 1550 nm. Essa informação é importante porque tem relação direta com o tipo de fonte utilizada pelo equipamento ativo óptico utilizado na rede, que pode ser LED ou *laser*. As fontes *laser* em geral são utilizadas para operar com fibras monomodo e, as fontes LED, com fibras multimodo.

As normas ABNT NBR para cabeamento estruturado reconhecem as fibras multimodo OM1, OM2, OM3, OM4 e OM5 (essas três últimas conhecidas como fibras otimizadas para transmissão com fonte *laser*), cujas especificações estão descritas na Tabela 2.1, bem como as fibras monomodo dos tipos OS1 e OS2, cujas especificações estão descritas na Tabela 2.2.

Tabela 2.1 - Especificações das fibras ópticas multimodo

Classe	Núcleo (μm)	Largura de banda modal - OFL (MHz.km)			Largura de banda modal efetiva (MHz.km)		Atenuação (dB/km)		
		850 nm	953 nm	1300 nm	850 nm	953 nm	850 nm	953 nm	1300 nm
OM1	62,5	200	N/A	500	N/A	N/A	3,5	N/A	1,5
OM2	50	500	N/A	500	N/A	N/A	3,5	N/A	1,5
OM3	50	1500	N/A	500	2000	N/A	3,5	N/A	1,5
OM4	50	3500	N/A	500	4700	N/A	3,0	N/A	1,5
OM5	50	3500	1850	500	4700	2470	3,0	2,3	1,5

Tabela 2.2 - Especificações das fibras ópticas monomodo OS1 e OS2

Classificação	Atenuação máxima dB/km		
	1310 nm	1383 nm	1550 nm
OS1	1,0	Não especificado	1,0
OS2	0,4	0,4	0,4

Fonte: NBR 14565

A largura de banda modal OFL se refere à largura de banda disponível no núcleo de uma fibra óptica multimodo para transmissões com fontes LED, cujas velocidades de transmissão são inferiores àquelas obtidas com fontes *laser*. A largura de banda efetiva é aquela obtida para transmissões com fontes *laser*.

As fibras ópticas podem ser usadas tanto no subsistema de cabeamento horizontal quanto nos subsistemas de cabeamentos de *backbone* de edifício e de *campus* (estudados em mais detalhes no Capítulo 3). Quando usadas no cabeamento horizontal (mais comum em *data centers*), os enlaces devem ser dimensionados levando-se em conta os requisitos das aplicações.

Quando usadas nos subsistemas de *backbone* de edifício e de *campus*, os comprimentos máximos de canal são dependentes das aplicações que desejamos assegurar nesse subsistema do cabeamento estruturado. Em outras palavras, não há limites máximos de comprimento para o *backbone* óptico como há para o cabeamento horizontal; isso vai depender da aplicação a ser implementada e do tipo de fibra óptica utilizada. Por essa razão, é bastante importante levarmos em conta, na fase de projeto, que aplicação ou aplicações ópticas devem ter seu rendimento assegurado no subsistema de *backbone*.

Para exemplificar a dependência da aplicação sobre o comprimento do enlace óptico, a Tabela 2.3 mostra as distâncias de transmissão permitidas para aplicações Ethernet de 100 Mb/s a 100 Gb/s para cada tipo de fibra multimodo de OM1 à OM5.

Tabela 2.3 - Classificações das fibras ópticas multimodo e suas relações com aplicações e distâncias máximas de transmissão

Classificação	100 Mb/s	1 Gb/s	10 Gb/s	100 Gb/s
OM1	2 km	275 m	32 m	–
OM2	2 km	800 m	82 m	–
OM3	2 km	1000 m	300 m	100 m
OM4	2 km	1100 m	400 m	150 m
OM5	N/A	N/A	400 m	150 m

O leitor deve observar que, quanto maior a velocidade da aplicação, mais sofisticada deve ser a fibra utilizada (com maior classificação "OM") para que distâncias maiores de transmissão sejam alcançadas. É por esse motivo que as aplicações mais exigentes, como a 10 Gb/s por exemplo, necessitam de fibras otimizadas para transmissão *laser* (como as OM3, OM4 e OM5).

A Tabela 2.4 mostra algumas aplicações que utilizam fibras ópticas monomodo, bem como as distâncias máximas de canal, conforme especificado na norma NBR 14565.

Tabela 2.4 - A plicações para fibras monomodo e distâncias máximas de canal

Aplicação	Comprimento de onda nominal de transmissão nm	Comprimento máximo de canal m
ATM a 622 Mbit/s	1310	2000
ISO/IEC 14165-111: Fibre Channel (FC-PH) a 1.062 Mbit/s	1310	2000
IEEE 802.3: 1000 BASE-LX	1310	2000
IEEE 802.3: 40 GBASE-LR4	1310	2000
IEEE 802.3: 100 GBASE-LR4	1310	2000
1 Gbit/s/s FC (1,0625 GBd)	1310	2000
2 Gbit/s/s FC (2,125 GBd)	1310	2000
4 Gbit/s/s FC (4,25 GBd)	1310	2000
8 Gbit/s/s (8,5 GBd)	1310	2000
16 Gbit/s/s (14,025 GBd)	1310	2000
10 Gbit/s/s FC	1310	f.f.s.
IEEE 802.3: 10 GBASE-LR/LW	1310	2000
1 Gbit/s/s FC	1550	2000
2 Gbit/s/s FC	1550	2000
IEEE 802.3: 10 GBASE-ER/EW	1550	2000
IEEE 802.3: 100 GBASE-ER4	1550	1550

Fonte: NBR 14565

2.2.3 Componentes do cabeamento óptico

Da mesma forma que um sistema de cabeamento estruturado em cobre é composto por cabos e componentes de conexão, um sistema de cabeamento estruturado óptico também é composto por cabos e componentes de conexão, porém, neste caso, tanto os cabos quanto os componentes são ópticos. A Figura 2.19 mostra um esquema genérico de distribuição de um enlace utilizando cabos e distribuidores ópticos para configurar um *backbone* em um sistema de cabeamento em um edifício.

Quando falamos em esquema de *backbone* genérico, queremos dizer que todo cabeamento de *backbone* terá conexões ópticas entre dois distribuidores. No exemplo da Figura 2.19 temos a distribuição de um enlace do subsistema de *backbone* de edifício. O *backbone* pode ser de *campus* ou de edifício (esquemas que serão tratados em detalhes no Capítulo 3), em que podemos notar os principais componentes envolvidos. Vamos conhecer esses componentes?

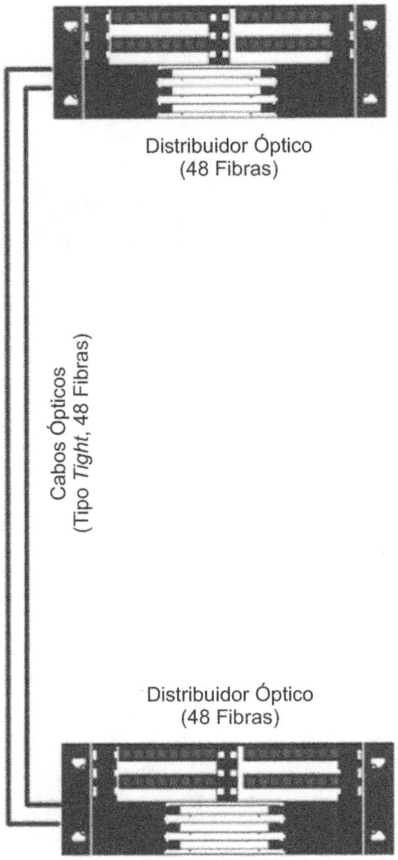

Figura 2.19 - Esquema de distribuição de um enlace óptico de *backbone* genérico.

Bem, o distribuidor óptico é um painel que concentra vários conectores ópticos. No exemplo da Figura 2.19 estamos utilizando um distribuidor com capacidade para 48 fibras ópticas e, portanto, 48 conectores ópticos. Assim como no *patch panel*, o distribuidor óptico é um componente passivo óptico, ou seja, não tem qualquer eletrônica nele, como no caso dos *switches* e outros equipamentos ativos ópticos de rede. A Figura 2.20 apresenta um exemplo de um distribuidor óptico de 48 portas no padrão LC.

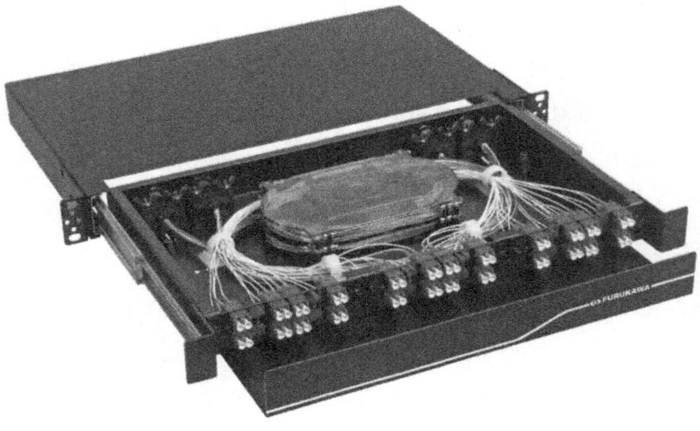

GENTILMENTE CEDIDO POR FURUKAWA

Figura 2.20 - Exemplo de um distribuidor óptico de 48 portas.

Há vários tipos de conectores ópticos que podem ser utilizados em instalações de cabeamento estruturado. No exemplo apresentado estamos considerando conectores LC, que são os mais utilizados na prática para conexões a partir de 1 Gb/s e apresentam desempenho ótimo para aplicações a 10 Gb/s e 100 Gb/s. A Figura 2.21 mostra um exemplo de um conector LC *duplex*, para duas fibras e de um adaptador do mesmo tipo.

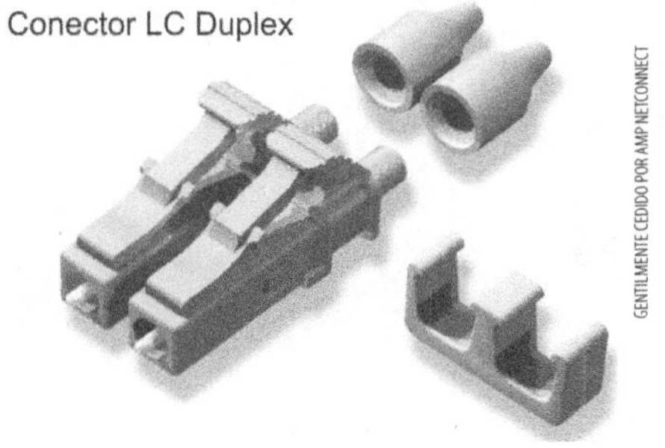

(a) Conector LC *duplex*

(b) Adaptador LC *duplex*

Figura 2.21 - Exemplos de conector LC *duplex* e adaptador LC *duplex*.

As fibras ópticas do enlace são terminadas nos conectores ópticos e são montadas dentro dos distribuidores. Para que os cordões ópticos possam ser então conectados às portas dos distribuidores para suas conexões aos equipamentos ativos ópticos (*switches* Ethernet com portas ópticas, por exemplo), adaptadores ou acopladores (Figura 2.21b) devem ser usados. A Figura 2.22 mostra como esses acopladores são utilizados (nesta figura são mostrados conectores e acopladores tipo SC).

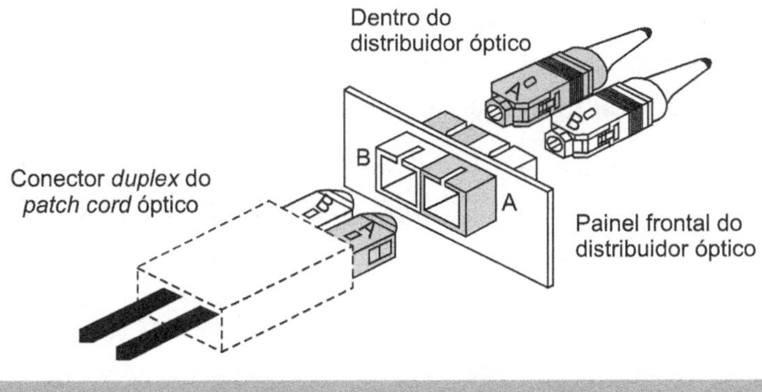

Figura 2.22 - Detalhe de acoplamento entre o *patch cord* óptico e a porta do distribuidor.

Repare que com quatro elementos básicos – distribuidor óptico, cabo óptico, conector óptico e acoplador óptico –, podemos implementar um *backbone* óptico em um sistema de cabeamento estruturado. A Figura 2.23 mostra os elementos do cabeamento estruturado óptico de forma esquemática, bem como seus componentes e cabo.

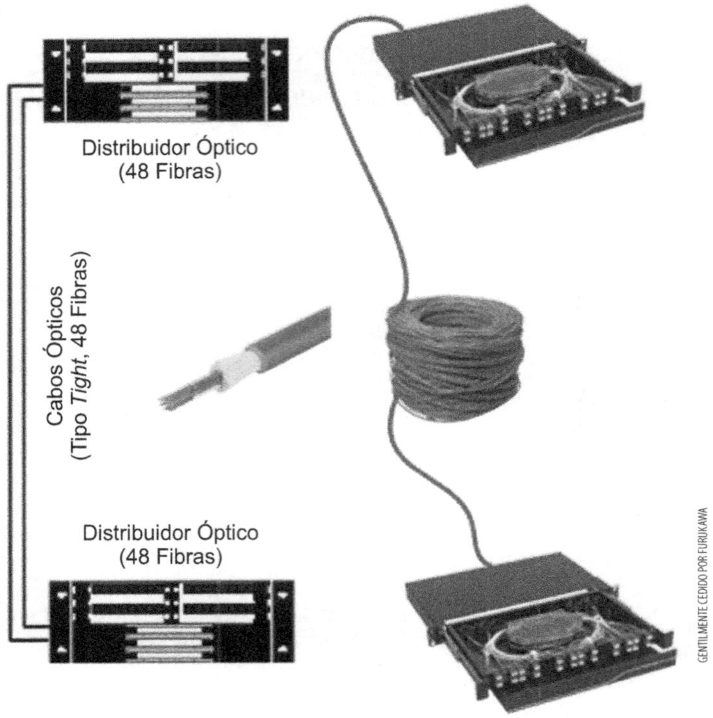

Figura 2.23 - Elementos do cabeamento estruturado óptico.

Agora que sabemos como implementar um enlace óptico em um sistema de cabeamento estruturado, como fazemos para conectar os equipamentos a ele?

Definimos um padrão de conexão em nosso enlace de *backbone* que é o padrão LC de ponta a ponta. Apesar de haver outros padrões de conexão, o conector LC é o que tem maior aplicação no mercado de redes. Para a conexão dos equipamentos ativos ao cabeamento, vamos precisar de cordões denominados *patch cords* (apesar de ser parte do jargão técnico de cabeamento, é comum encontramos o termo cordão óptico também) com conectores tipo LC em cada ponta, como mostra a Figura 2.24.

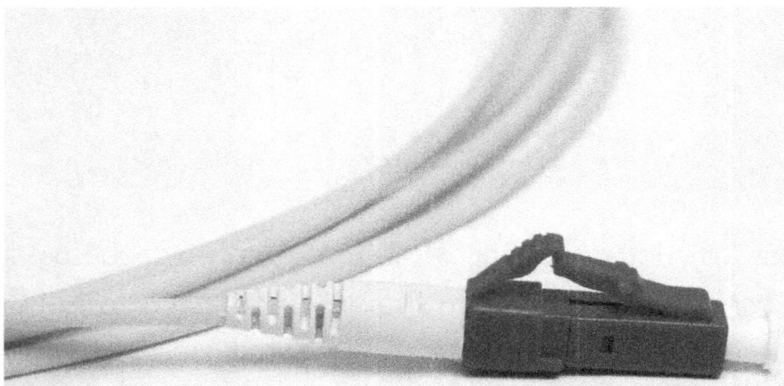

Figura 2.24 - Exemplo de um cordão óptico com conector LC (uma extremidade mostrada na figura).

Há vários outros tipos de conectores ópticos que podem ser utilizados em cabeamento estruturado. As normas não limitam o uso de qualquer tipo de conector desde que atendam às suas especificações.

A Figura 2.25 mostra um conector tipo SC *duplex*, bem como um acoplador de mesmo tipo, ainda em uso em algumas redes.

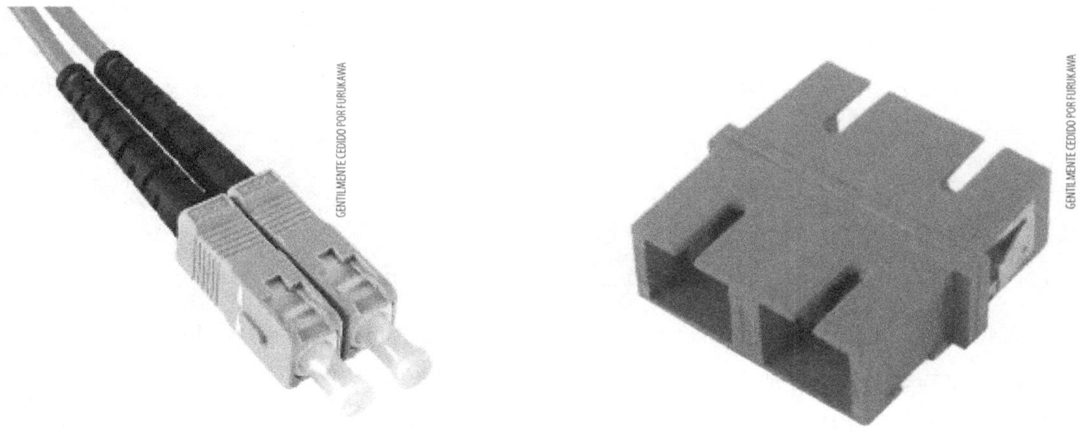

(a) (b)

Figura 2.25 - Exemplo de conector SC *duplex* (a) e acoplador SC *duplex* (b).

Com o desenvolvimento de aplicações ópticas de velocidades de comunicação muito altas, como 40 Gb/s e 100 Gb/s, um novo padrão de conector óptico passa a ser utilizado, o conector MPO com 12 e 24 posições. A Figura 2.26 apresenta os esquemas de alinhamento das fibras ópticas nesses conectores.

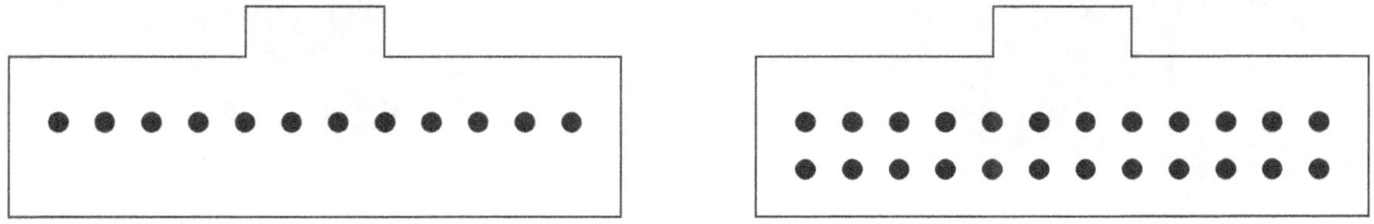

Conector MPO de 12 fibras   Conector MPO de 24 fibras

Figura 2.26 - Alinhamentos das fibras ópticas em conectores MPO de 12 e 24 fibras.

A Figura 2.27 mostra exemplos de conectores ópticos MPO de 12 posições.

(a) (b)

Figura 2.27 - Exemplos de conectores MPO de 12 fibras: (a) Conector MPO macho e (b) Conector MPO fêmea.

Os conectores MPO são utilizados na construção de cabos *trunking* ópticos, que são segmentos de cabos ópticos com várias fibras montados em fábrica, com comprimento pré-determinado pelo cliente e com conectores MPO em cada extremidade (ver Figura 2.30). Esses cabos têm ampla aplicação em ambientes de *data centers*, além de serem boas opções para o cabeamento de *backbone* de edifícios. Esses cabos são testados em fábrica e garantidos por seus fabricantes, ou seja, o instalador não precisa montar conectores ópticos em campo. No entanto, é tarefa do instalador executar os testes de campo do cabeamento óptico instalado.

O leitor pode estar se perguntando como os cabos ópticos *trunking* com conectores MPO são utilizados na prática, pois as interfaces dos equipamentos ativos ópticos de TI costumam ter outro tipo de interface montado em seus painéis ou módulos, como conectores LC, por exemplo.

O que torna os cabos ópticos *trunking* com conectores MPO uma opção muito interessante, de rápida implementação e flexíveis, são os cassetes MPO e os cabos *fan-out* MPO. Um cassete MPO é um *hardware* óptico de conexão que tem um conector MPO em uma de suas faces e um outro padrão de conexão na outra. A Figura 2.28 mostra um exemplo de cassete MPO com conectores LC *duplex*.

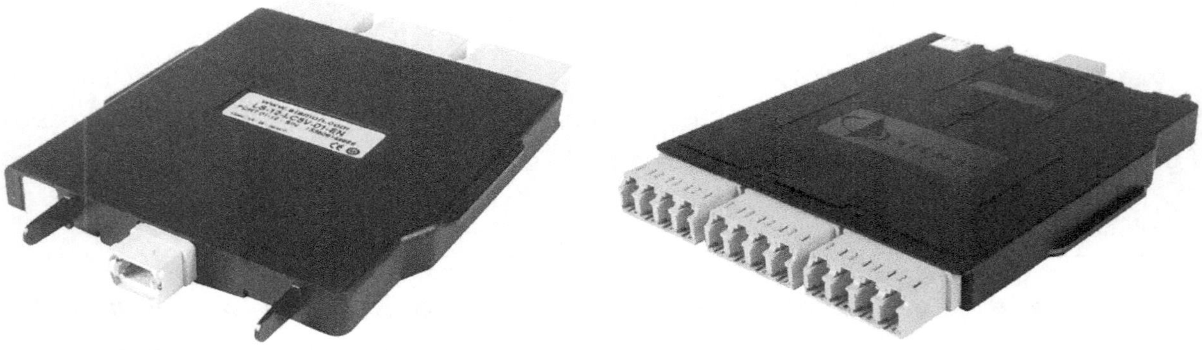

GENTILMENTE CEDIDO POR SIEMON

(a) Detalhe da face com o conector MPO

(b) Detalhe da face com os conectores LC *duplex*

Figura 2.28 - Exemplo de um cassete MPO com conectores ópticos LC *duplex*.

Um cabo *fan-out* pode ser utilizado em uma instalação que em vez de cassete MPO utilize uma configuração similar a de um distribuidor óptico convencional padrão 19". Nesse caso, a densidade de conexão será menor, porém a mecânica de montagem é muito semelhante e a flexibilidade também é a mesma que quando comparado ao uso de cassetes MPO. A Figura 2.29 mostra um exemplo de cabo *fan-out*.

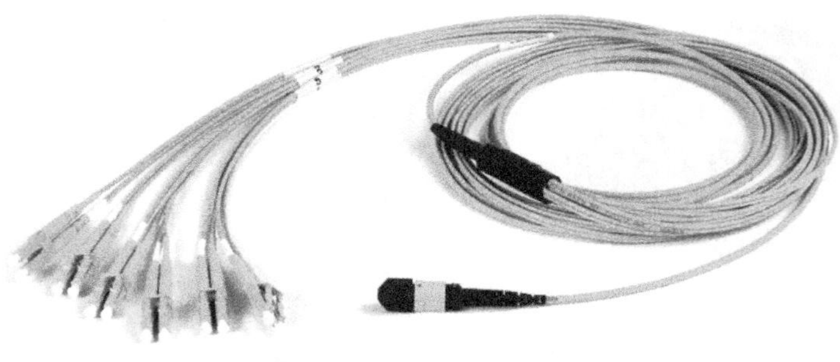

GENTILMENTE CEDIDO POR SIEMON

2.29 - Exemplo de cabo *fan-out*.

Para finalizar, os cabos ópticos *trunking* podem conectar distribuidores usando três configurações diferentes, como especificado na série de normas TIA-568: Tipo A, Tipo B ou Tipo C, conforme mostrado na Figura 2.30. Todas as configurações são igualmente reconhecidas por normas técnicas e o instalador deve conhecer a configuração utilizada. Para a realização de testes de campo em cabeamento com conectores MPO, a identificação do tipo de conexão é fundamental.

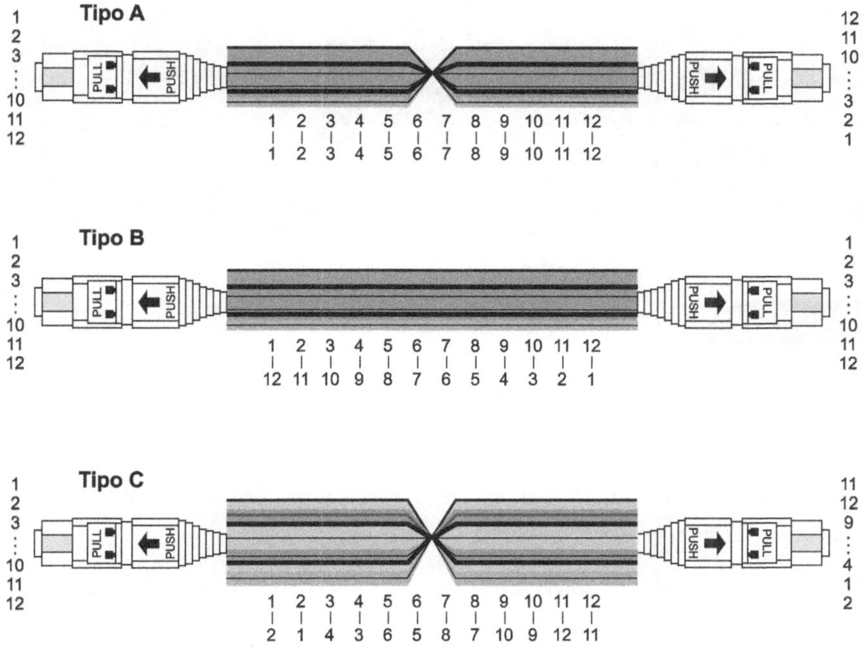

Figura 2.30 - Configurações de conexão entre distribuidores ópticos com cabos ópticos *trunking*.

A Figura 2.31 mostra um exemplo de cabo óptico *trunking* disponível no mercado.

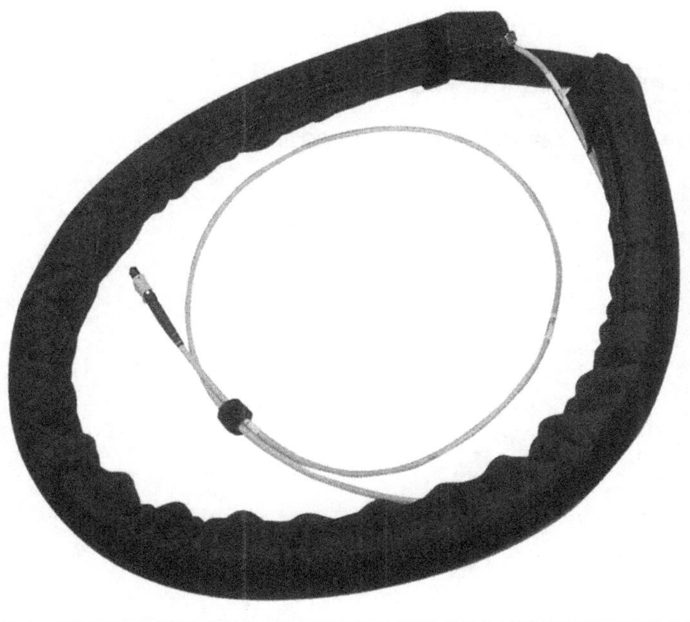

GENTILMENTE CEDIDO POR SIEMON

Figura 2.31 - Exemplo de cabo óptico *trunking* disponível no mercado.

Conforme mencionado anteriormente neste capítulo, os cabos ópticos *trunking* são montados em fábrica com base nas especificações do cliente, ou seja, seus comprimentos, quantidade de fibras e, portanto, tipo de conector MPO (de 12 ou 24 posições).

VAMOS RECAPITULAR?

Neste capítulo foram apresentados os meios de transmissão utilizados em sistemas de cabeamento estruturado e estudamos o cabeamento em cobre e em fibras ópticas. Aprendemos os princípios de funcionamento de ambos os cabos, seus tipos e suas aplicações em sistemas de cabeamento estruturado. Aprendemos quais são os tipos de cabos e conectores disponíveis no mercado, suas características técnicas e aplicações. Estudamos os conectores ópticos mais modernos e os cabos ópticos *trunking*.

AGORA É COM VOCÊ!

1. Os cabos de pares trançados oferecem algum tipo de imunidade à interferência eletromagnética? Explique.
2. O que significa eletricamente balanceado? Qual é benefício dessa técnica na transmissão de sinais em cabos metálicos?
3. Exemplifique um enlace de cabeamento balanceado blindado e apresente seus cabos e componentes.
4. Explique as principais diferenças entre as fibras ópticas multimodo (MM) e monomodo (SM). Que tipo de fibra nos permite alcançar distâncias de transmissão mais longas? Por quê?
5. O que é um cabo óptico *trunking*? Como ele é montado?
6. O que é um conector MPO e quantas fibras ópticas podem ser terminadas nele?
7. Qual é a aplicação mais comum desse tipo de conector?
8. O que é um cassete MPO e como ele é configurado?

3

SUBSISTEMAS DO CABEAMENTO ESTRUTURADO

PARA COMEÇAR

O objetivo deste capítulo é estudar os subsistemas do cabeamento estruturado que são basicamente dois: o subsistema de cabeamento horizontal e o subsistema de cabeamento de *backbone* e também a área de trabalho. Veremos quais são as topologias de distribuição do cabeamento e os tipos de cabos especificados para cada subsistema. Vamos estudar o ponto de consolidação, os métodos de conexão reconhecidos pelas normas para a conexão de equipamentos ativos ao cabeamento e vamos aprender os requisitos de uma área de trabalho, espaço onde o usuário interage com o cabeamento estruturado e com a rede.

3.1 Subsistema de cabeamento horizontal

Um sistema de cabeamento estruturado é composto, basicamente, pelos subsistemas de cabeamento horizontal e de *backbone*, que se divide em *backbone* de edifício (que conecta os distribuidores de piso de cada andar de um edifício) e *backbone* de *campus* (quando conecta o cabeamento de dois ou mais edifícios).

O subsistema de cabeamento horizontal é a parte do sistema de cabeamento que conecta um distribuidor de piso (Figura 3.1), às tomadas de telecomunicações das áreas de trabalho do mesmo pavimento ou pavimentos vizinhos. O cabeamento horizontal é assim denominado devido ao fato de compreender os segmentos de cabos que são lançados horizontalmente entre as áreas de trabalho e os distribuidores de piso (FD).

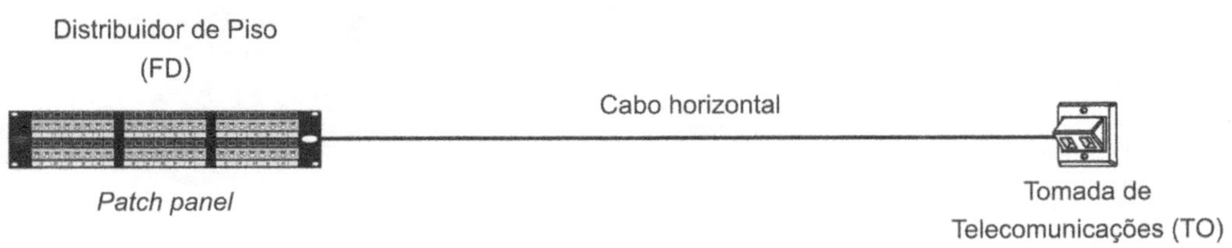

Figura 3.1 - Esquema de distribuição do subsistema de cabeamento horizontal.

Os segmentos de cabos que o compõem são usualmente instalados em dutos embutidos no piso, sob as placas do piso elevado ou em eletrocalhas ou bandejas suspensas presas ao teto. Quando o caminho é um duto de teto (ou mesmo de piso) utilizado, também, para a insuflação de ar no sistema de ventilação e climatização (HVAC), essa é uma instalação denominada *plenum* e os cabos devem atender aos requisitos dessas instalações. Canaletas de superfície ou canaletas aparentes, apesar de pouco comuns, são também utilizadas para o encaminhamento dos cabos horizontais em edifícios comerciais. As normas técnicas que se aplicam à infraestrutura predial para cabeamento estruturado trazem especificações e recomendações de dimensionamento, tipos de materiais, utilização, capacidade etc. Essas normas não limitam que tipos específicos de calhas, canaletas, bem como leitos de cabos, sejam utilizados.

FIQUE DE OLHO!

Os requisitos referentes a caminhos e espaços para a distribuição de cabeamento estruturado em edifícios comerciais são apresentados nas normas ABNT NBR 16415, ISO/IEC 14763-2 e ANSI/TIA-569.

O cabeamento horizontal deve ser instalado na topologia estrela. A Figura 3.2 mostra essa topologia que é caracterizada pela necessidade de um segmento de cabo exclusivo interligando cada porta do distribuidor de piso a uma única tomada de telecomunicações da área de trabalho atendida por ele. A Figura 3.2 mostra todos os elementos do cabeamento que podem compor um cabeamento horizontal, bem como os comprimentos máximos de cabos e *patch cords*. Note que o comprimento máximo do cabo horizontal é limitado a 90 m e todo o canal (que inclui o cabo horizontal e os *patch cords*) é limitado a um comprimento máximo de 100 m. As normas recomendam que os *patch cords* sejam construídos com cabos de pares trançados flexíveis quando utilizados em posições em que as manobras são constantes, como nos distribuidores e nas áreas de trabalho.

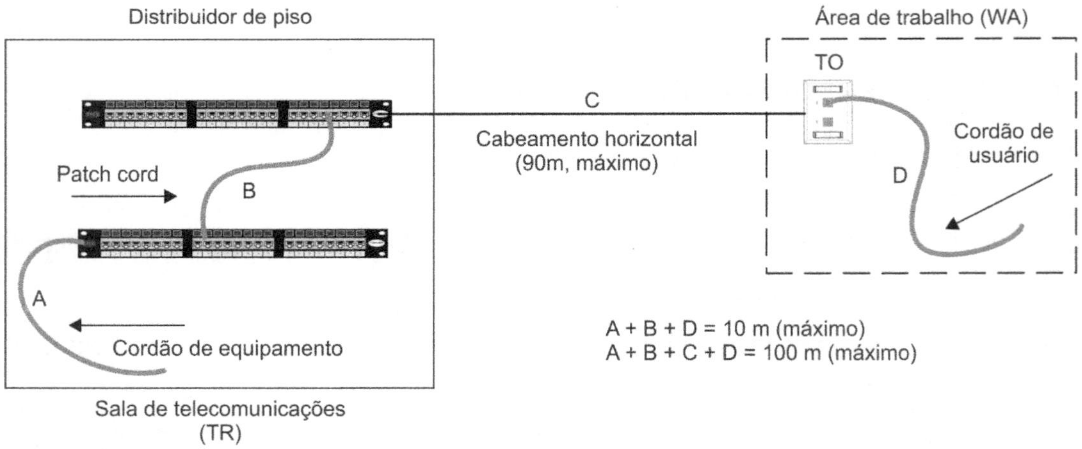

Figura 3.2 - Subsistema de cabeamento horizontal em sua configuração completa.

A Figura 3.3 apresenta um exemplo real de distribuição horizontal. Nela é possível observar os *patch panels* de onde partem os cabos do cabeamento horizontal que terminam em tomadas de telecomunicações (TO) nas respectivas áreas de trabalho do pavimento em que se encontra esse distribuidor de piso. Indica também os *switches* Ethernet, conhecidos como *switches* de borda ou *switches workgroup*, que entregam conexões Ethernet aos usuários das áreas de trabalho do pavimento atendido por esse distribuidor.

Figura 3.3 - Exemplo de distribuição de um subsistema de cabeamento horizontal.

O comprimento máximo entre o segmento de cabo entre um distribuidor de piso e a tomada de telecomunicações em uma área de trabalho é de 90 m. As normas de cabeamento estruturado em edifícios comerciais, como a NBR 14565, a ISO/IEC 11801-2, a ANSI/TIA-568.1-D, entre outras, permitem que os seguintes tipos de cabos sejam utilizados no subsistema de cabeamento horizontal:

- Cabo de pares trançados Categoria 5e ou superior de quatro pares, 100 Ω, U/UTP ou F/UTP.
- Cabo de fibras ópticas multimodo de 50/125 μm (OM3, OM4 ou OM5), com duas ou quatro fibras.
- Cabo de fibras ópticas monomodo 62,5/125 μm (OM1 ou OM2), com duas ou quatro fibras.

FIQUE DE OLHO!

Os cabos S/FTP Categoria 7/Classe F e Categoria 7_A/Classe F_A são reconhecidos pelas normas ISO/IEC 11801 e NBR-14565.

A Tabela 3.1 apresenta um quadro resumo dos tipos de cabos balanceados especificados pelas normas para uso no subsistema de cabeamento horizontal (estes cabos foram estudados em mais detalhes no Capítulo 2).

Tabela 3.1 - Cabos balanceados utlizados no cabeamento horizontal

Tipos de cabos		
U/UTP *(Unshielded/Unshielded Twisted Pair)*	F/UTP *(Foiled/Unshielded Twisted Pair)*	S/FTP *(Screened/Foiled Twisted Pair)*
	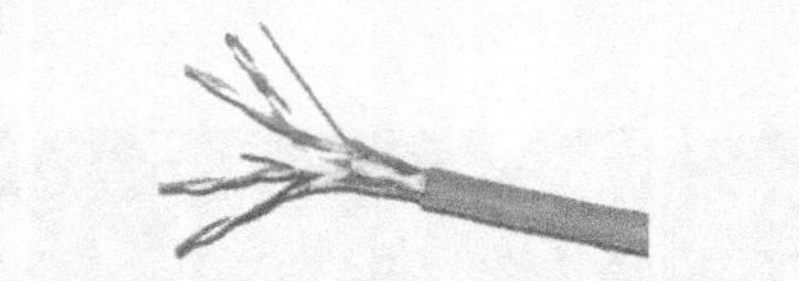	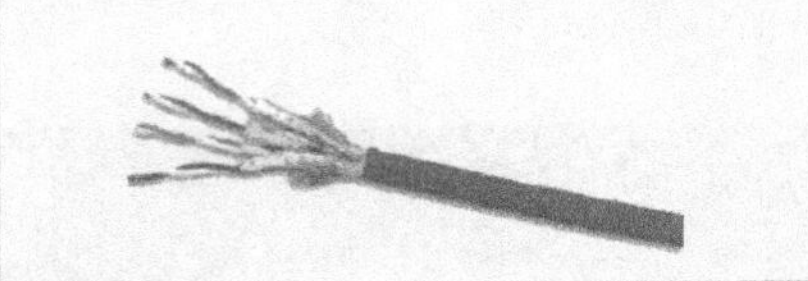
Par trançado sem blindagem	Par trançado sem blindagem individual e com blindagem geral	Par trançado com dupla blindagem – individual e geral

A Figura 3.4 mostra exemplos de cabos ópticos multimodo com duas ou quatro fibras, de uso interno, especificados para uso no subsistema de cabeamento horizontal.

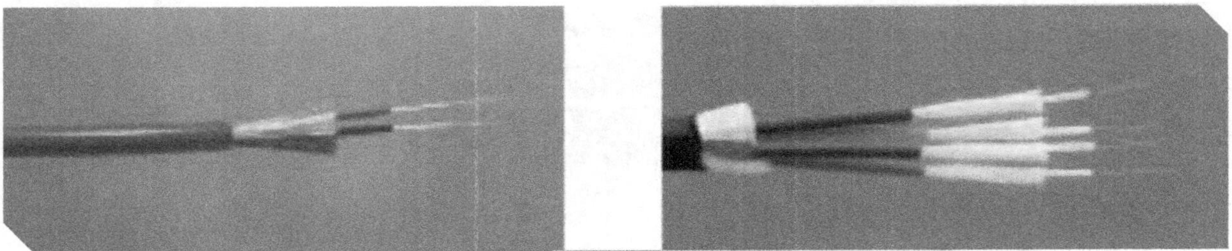

Figura 3.4 - Cabos ópticos multimodo para uso no cabeamento horizontal.

Você pode estar se perguntando se as fibras ópticas podem realmente ser utilizadas no cabeamento horizontal, pois é raro encontrarmos uma instalação desse tipo na prática. Na verdade, as normas de cabeamento permitem que fibras ópticas multimodo sejam utilizadas no cabeamento horizontal. Nesses casos, tanto a topologia de distribuição estrela quanto os limites de comprimento devem ser respeitados (canal com comprimento máximo de 100 m). No entanto, é muito raro encontrarmos instalações com cabeamento óptico nesse subsistema devido a relação custo-benefício desfavorável. Em outras palavras, para as aplicações normalmente implementadas em redes corporativas, um cabeamento óptico, bem como equipamentos ativos com portas ópticas aumentariam muito o custo total da rede. Por esse motivo, a grande maioria das instalações em edifícios comerciais é feita com cabos balanceados no cabeamento horizontal. As fibras ópticas são meios físicos muito interessantes e que oferecem uma relação custo-benefício também interessante nos subsistemas de *backbone*, como veremos em seguida nesse capítulo. Em *data centers*, entretanto, as fibras ópticas têm sido utilizadas de forma crescente em todos os subsistemas, incluindo o cabeamento horizontal.

3.1.1 Ponto de consolidação

O subsistema de cabeamento horizontal pode conter um ponto de consolidação (CP) opcional entre o distribuidor de piso (FD) e a tomada de telecomunicações (TO) da área de trabalho. O uso do ponto de consolidação deve obedecer a algumas regras que veremos a seguir. No entanto, antes disso, vamos discutir um pouco sua utilização.

O ponto de consolidação atende a uma técnica conhecida como cabeamento para escritórios abertos. Os escritórios abertos têm como característica pavimentos amplos e com poucas paredes fixas para dividir os ambientes internos. Esse tipo de ambiente oferece flexibilidade aos seus usuários no que diz respeito a mudança do *layout* das áreas de trabalho, quando necessário.

Esse é o objetivo dos edifícios de escritórios abertos: tornar as mudanças de *layout* e seu gerenciamento mais ágeis, minimizando o transtorno aos seus usuários e reduzindo os tempos de serviço.

A Figura 3.5 apresenta uma topologia de subsistema de cabeamento horizontal que inclui um ponto de consolidação.

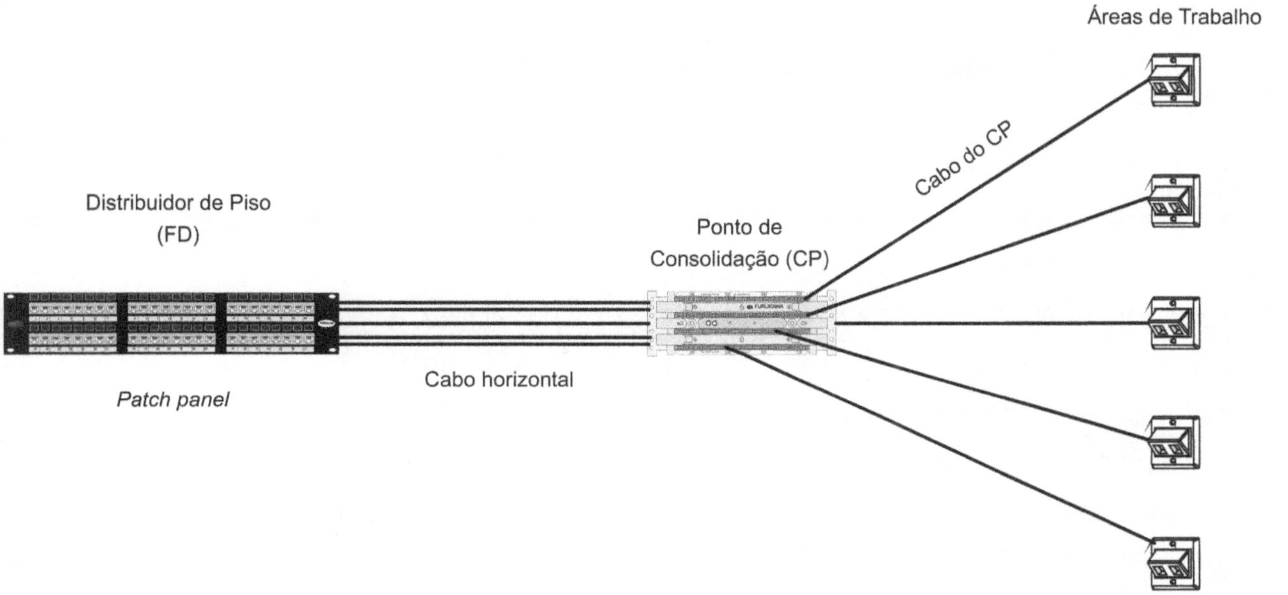

Figura 3.5 - Cabeamento horizontal com ponto de consolidação (CP).

Os cabos horizontais que vêm do distribuidor de piso são terminados no ponto de consolidação e, a partir daí, novos segmentos de cabos (cabo do CP) são terminados no CP e em suas respectivas tomadas de telecomunicações nas áreas de trabalho. Por que fazer isso? Como estamos interessados na flexibilidade do *layout* do escritório, o uso do CP permite que as posições das tomadas de telecomunicações sejam mudadas dentro da área coberta por um determinado CP sem que todo o cabeamento horizontal tenha que ser substituído desde o distribuidor de piso. Em outras palavras, nesses casos apenas os cabos do CP serão substituídos, preservando, assim os segmentos de cabos horizontais (entre o FD e o CP).

Por questões técnicas relacionadas ao desempenho do canal e também por questões de organização do cabeamento, algumas distâncias máximas e mínimas devem ser observadas quando utilizamos um ponto de consolidação. A Figura 3.6 mostra essas distâncias.

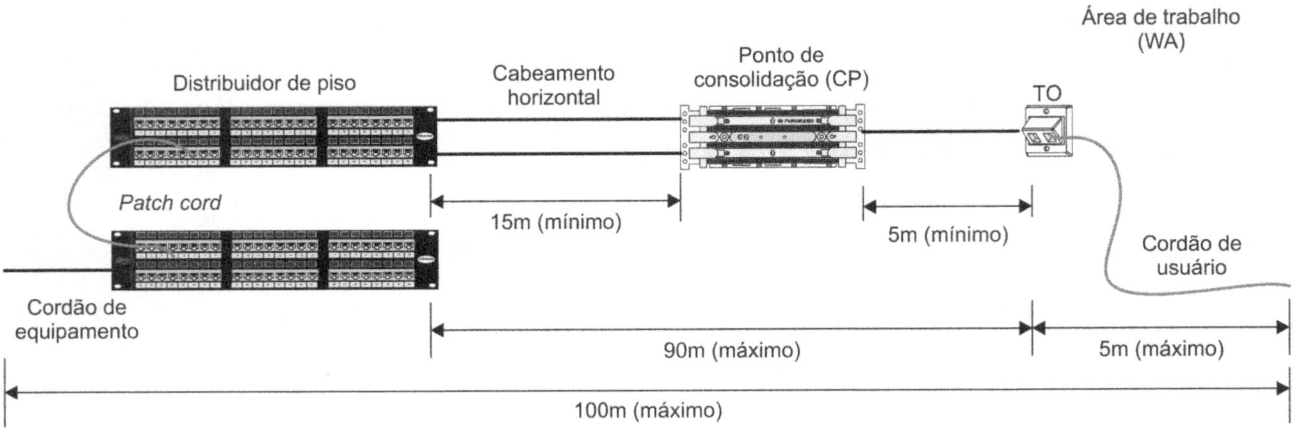

Figura 3.6 - Utilização do ponto de consolidação e distâncias permitidas.

As seguintes regras se aplicam ao uso do ponto de consolidação em uma instalação:

- deve ser instalado de maneira que cada grupo de áreas de trabalho seja atendido por no mínimo um ponto de consolidação;
- deve se limitar ao atendimento de no máximo 12 áreas de trabalho;
- deve ser instalado em locais que possibilitem o acesso para manutenção;
- devem ficar a uma distância de no mínimo 15 m do distribuidor de piso;
- devem ficar a uma distância de no mínimo 5 m da tomada de telecomunicações;
- deve estar localizado em espaço físico próximo às áreas de trabalho atendidas, não sendo permitido seu uso como emenda ou extensão do cabeamento, nem mesmo localizar-se no espaço que contém o distribuidor de piso.

A Figura 3.7 mostra um exemplo de um bloco de conexão do tipo 110 utilizado para a implementação de pontos de consolidação.

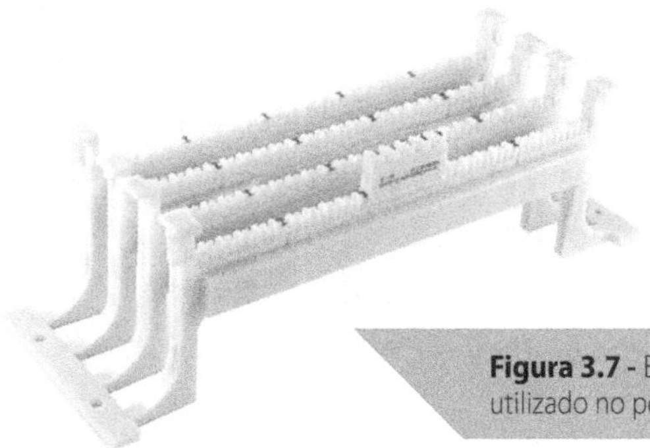

Figura 3.7 - Exemplo de bloco de conexão utilizado no ponto de consolidação.

O leitor deve notar que o ponto de consolidação deve ser considerado na etapa de projeto do cabeamento e somente faz sentido em instalações que tenham remanejamentos de áreas de trabalho com certa frequência. Em instalações convencionais de cabeamento estruturado o ponto de consolidação pode não ser necessário, além de elevar o custo total do cabeamento.

Quando utilizado, o ponto de consolidação pode ser implementado com blocos de conexão (situação mais comum) ou com outros componentes de conexão, como tomadas RJ45. É importante observar que, independentemente do componente utilizado, todo o cabeamento deve ser do mesmo tipo e da mesma categoria de desempenho.

Outra informação importante é que o ponto de consolidação somente pode ser implementado no subsistema de cabeamento horizontal, ou seja, ele não existe no *backbone* (nem de *campus*, nem de edifício).

FIQUE DE OLHO!

Há uma outra técnica utilizada para cabeamento em escritórios abertos que usa o MUTO ou MuTOA para atender os usuários em suas áreas de trabalho. Por se tratar de uma técnica menos implementada que o ponto de consolidação, não vamos estudá-la aqui. É uma boa sugestão ao leitor pesquisar sobre o assunto em normas e literaturas técnicas presentes na seção "Referências Bibliográficas", ao final deste livro.

Há duas formas permitidas para a interconexão do equipamento ativo (os *switches* Ethernet, por exemplo) ao cabeamento horizontal, que são as conexões cruzadas e a interconexão. A Figura 3.8 apresenta o método de conexão cruzada.

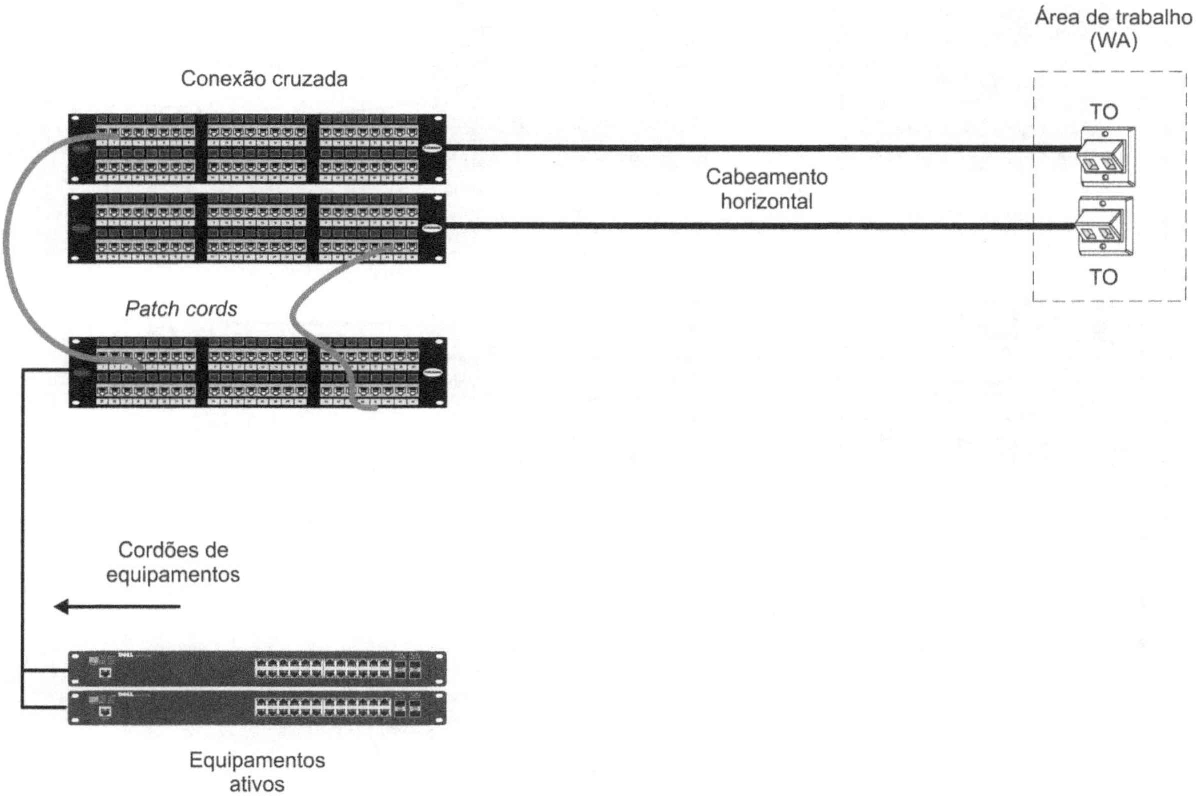

Figura 3.8 - Método de conexão cruzada.

A conexão cruzada configura-se basicamente pelo espelhamento das saídas do equipamento ativo em um *patch panel* ou grupos de *patch panels* de acordo com a quantidade de portas a serem espelhadas. Esse tipo de configuração oferece a possibilidade de separação entre os equipamentos ativos da rede (*switches*, por exemplo) e os componentes de distribuição do cabeamento (*patch panels*, por exemplo). Essa separação pode ser necessária ou interessante por questões associadas à segurança, uma vez que os *switches* podem estar montados em um gabinete trancado, portanto com acesso limitado, enquanto os *patch panels* são montados, em geral, em *racks* abertos e, consequentemente, com acesso menos limitado.

Uma aplicação comum da configuração de conexão cruzada é a conexão de uma central de PABX aos *patch panels* ou blocos de conexão para a distribuição dos serviços de voz pelo edifício. Ela é necessária no caso dos equipamentos ativos de voz, que não oferecem padrões de conexão compatíveis com aqueles usados nos edifícios comerciais (RJ45, blocos S110 etc.). Outra finalidade importante da conexão cruzada é a interconexão dos subsistemas de cabeamento de *backbone* e horizontal, como mostra a Figura 3.9.

O método de interconexão, como mostra a Figura 3.10, pode também ser utilizado para a conexão do equipamento ativo ao cabeamento horizontal. Nesse caso, os equipamentos ativos têm as extremidades dos *patch cords* (cordões de equipamentos) diretamente conectadas em suas saídas RJ45 e as outras às respectivas portas do *patch panel* correspondente.

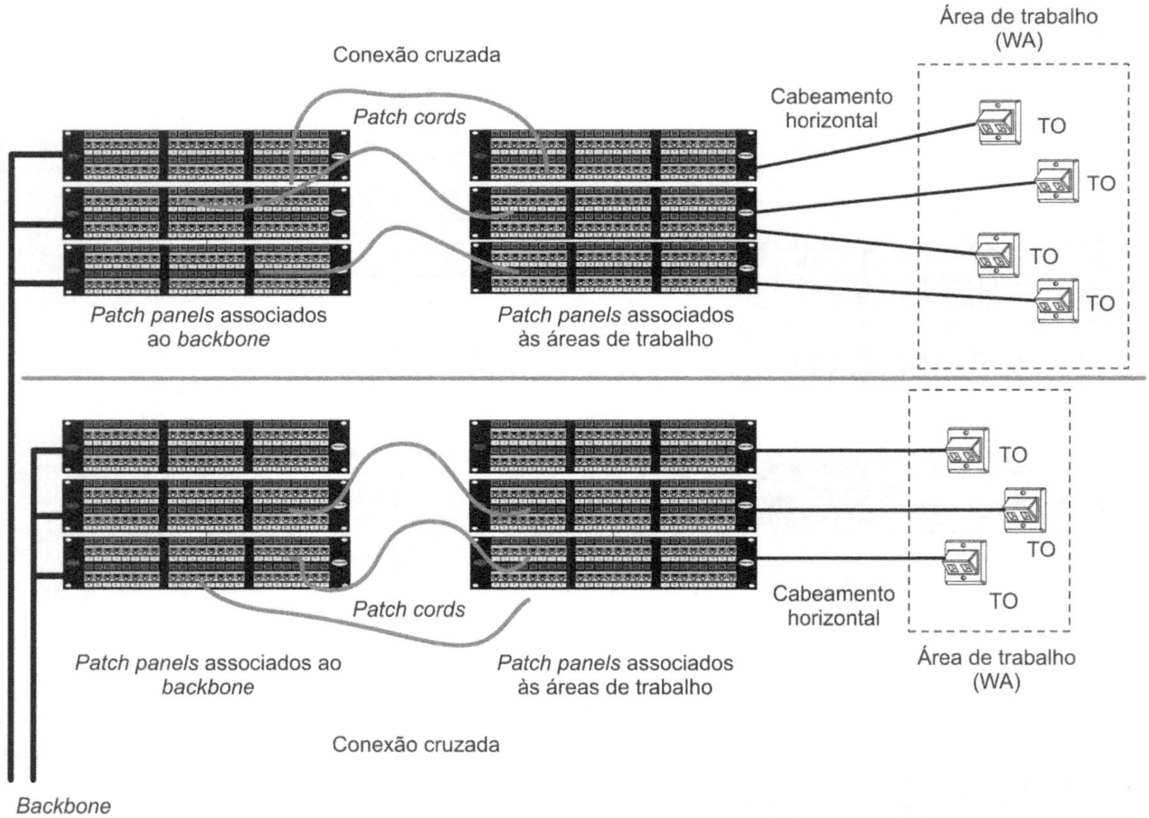

Figura 3.9- Conexão cruzada entre *backbone* e o cabeamento horizontal.

Esse método de conexão do equipamento ativo ao cabeamento horizontal é largamente utilizado na prática por sua favorável relação custo-benefício; é previsto e aceito por normas aplicáveis.

Independentemente do método de conexão escolhido pelo projetista, todas as limitações em comprimento anteriormente citadas para o subsistema de cabeamento horizontal devem ser respeitadas.

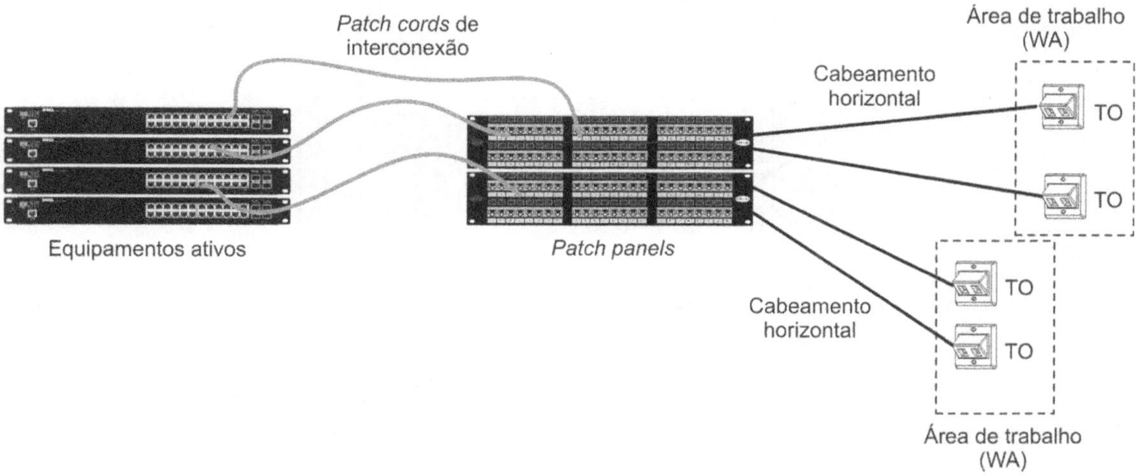

Figura 3.10 - Método de interconexão no cabeamento horizontal.

3.2 Subsistema de cabeamento de *backbone*

É a parte do sistema de cabeamento que interconecta salas de telecomunicações (em que estão os distribuidores de piso), salas de equipamentos e infraestrutura de entrada do edifício, como mostra a Figura 3.11. O cabeamento de *backbone* (que significa espinha dorsal em inglês) é assim denominado por ser a parte vital do sistema de cabeamento de um edifício (ou edifícios) e que suporta os demais subsistemas.

A topologia adotada para a implementação do *backbone* é a estrela com até dois níveis de hierarquia, a qual foi selecionada por oferecer arranjo físico para um cabeamento flexível, de modo que uma ampla variedade de aplicações possa ser implementada no sistema. A Figura 3.12 apresenta uma configuração de *backbone* estrela com hierarquia.

A hierarquia do *backbone* é identificada pela ordem em que os distribuidores são conectados para formar os *backbones* de *campus* e de edifício. Em uma estrutura mais ampla, a distribuição do cabeamento de *backbone* será sempre feita a partir do distribuidor de *campus* (CD) presente na sala de equipamentos do edifício principal (aquele que contém a infraestrutura de entrada). O distribuidor de *campus* será então conectado a um distribuidor de edifício (BD) da sala de equipamentos do edifício principal, que será conectado aos distribuidores de piso (FD) de cada piso do edifício, responsáveis pela distribuição do cabeamento horizontal.

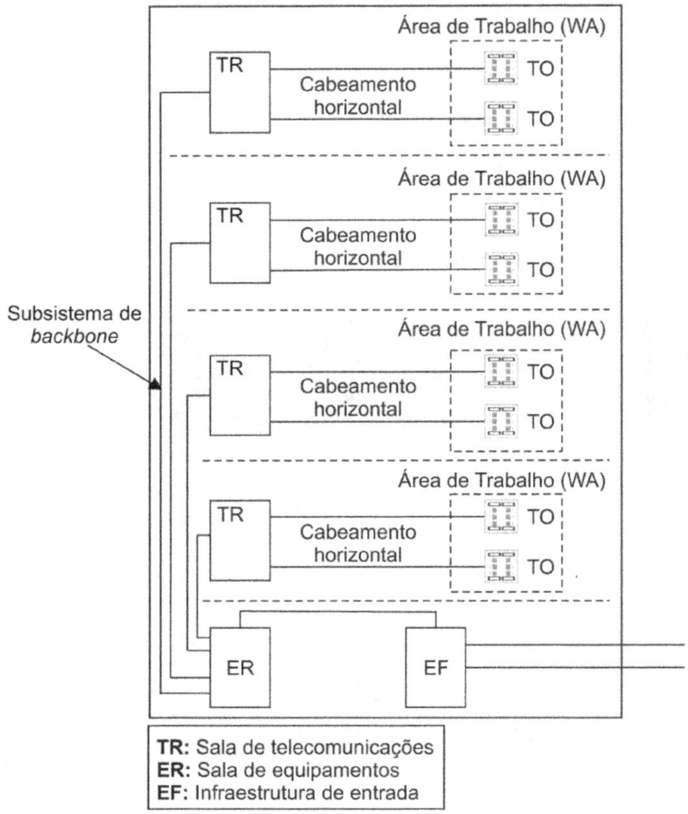

Figura 3.11 - Distribuição do cabeamento estruturado em um edifício comercial típico.

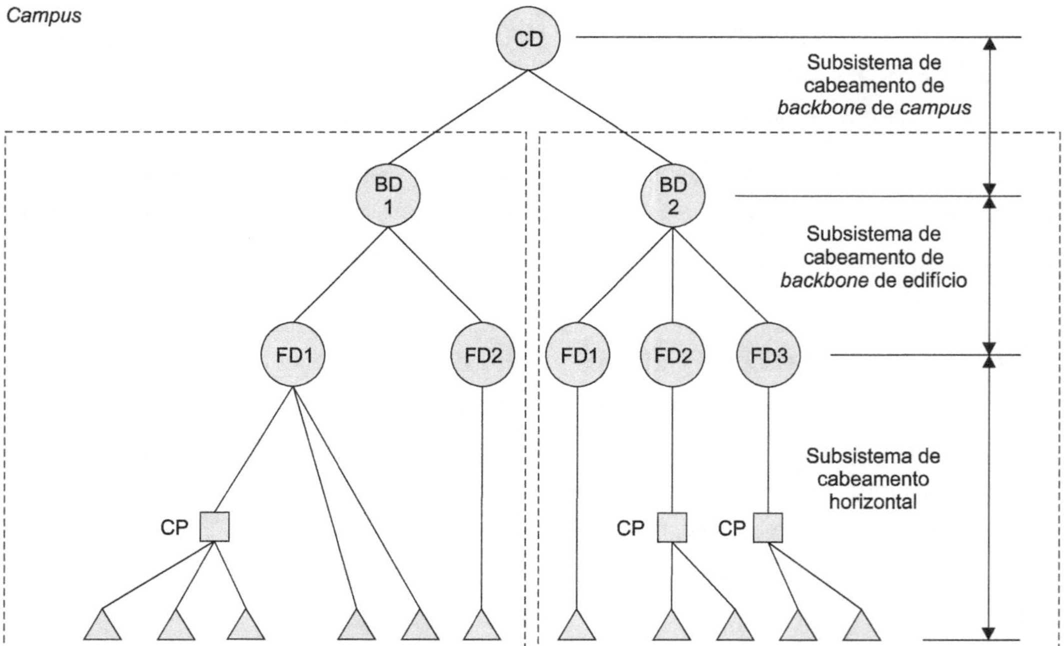

Figura 3.12 - Topologia de *backbone* estrela com dois níveis de hierarquia.

3.2.1 Subsistema de cabeamento de *backbone* de edifício

Quando o *backbone* do sistema de cabeamento interconecta diferentes pavimentos dentro de um mesmo edifício, denomina-se *backbone* de edifício, como mostra a Figura 3.13.

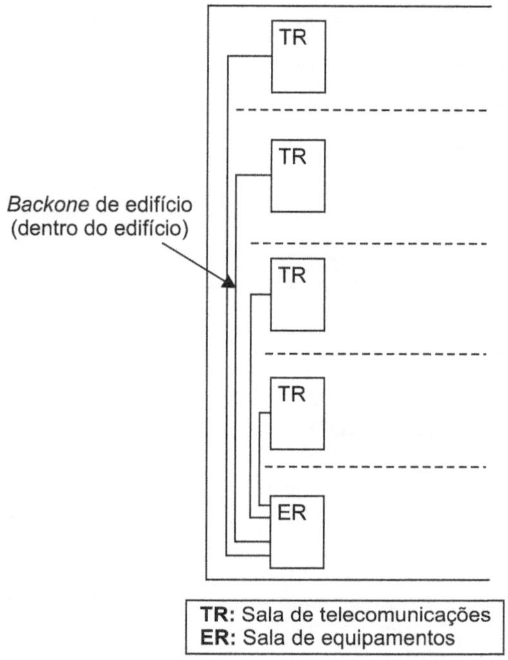

Figura 3.13 - *Backbone* de edifício.

A Tabela 3.2 apresenta os comprimentos máximos de canais para o subsistema de *backbone* (de edifício e de *campus*) para diferentes tipos de cabos. Essas distâncias se aplicam ao cabeamento entre um distribuidor de *campus* e qualquer distribuidor de piso em um edifício comercial. Esses limites de distância estão definidos em diversas normas que se aplicam a sistemas de cabeamento estruturado e não são comuns a todas elas. A norma brasileira NBR 14565 não estabelece limites de comprimento para *backbone* com base nas características dos cabos utilizados nesse subsistema, mas, sim, com base nos requisitos das aplicações a serem implementadas.

É importante que o leitor observe que as distâncias apresentadas na Tabela 3.2 são as distâncias máximas de cada tipo de cabo com base na aplicação correspondente. Por exemplo, uma fibra OM3 pode ser utilizada em um subsistema de *backbone* com até 1000 m de comprimento para a aplicação *Gigabit Ethernet* (1 Gb/s). Essa mesma fibra, se utilizada em um *backbone* para 10 GbE, terá seu comprimento máximo reduzido para 300 m.

Tabela 3.2 - Distâncias máximas permitidas para o subsistema de *backbone*

Tipo de Cabo	Distância (m)	Aplicação
Fibras monomodo OS-1	2000	10 GbE
Fibras monomodo OS-2	10000	10 GbE
Fibras multimodo OM-1	2000	*Fast Ethernet*
Fibras multimodo OM-2	800	*Gigabit Ethernet*
Fibras multimodo OM-3	1000	*Gigabit Ethernet*
Fibras multimodo OM-4	550	10 GbE
Cabos balanceados Classe A	2000	Voz, PABX (até 100 kHz)
Cabos balanceados Classe B	200	RDSI (até 1 MHz)
Cabos balanceados Classes C, D, E e F	100	Aplicações com largura de banda de até 600 MHz

3.2.2 Subsistema de *backbone* de *campus*

Quando o *backbone* de um sistema de cabeamento interconecta dois ou mais edifícios em uma mesma área (*campus*), denomina-se *backbone* de *campus*, como mostra a Figura 3.14. Para garantir as aplicações de dados, cabos ópticos devem ser utilizados. Aplicações de voz nesse subsistema podem ser implementadas utilizando cabos de pares trançados multipares (50, 100 ou 200 pares, por exemplo).

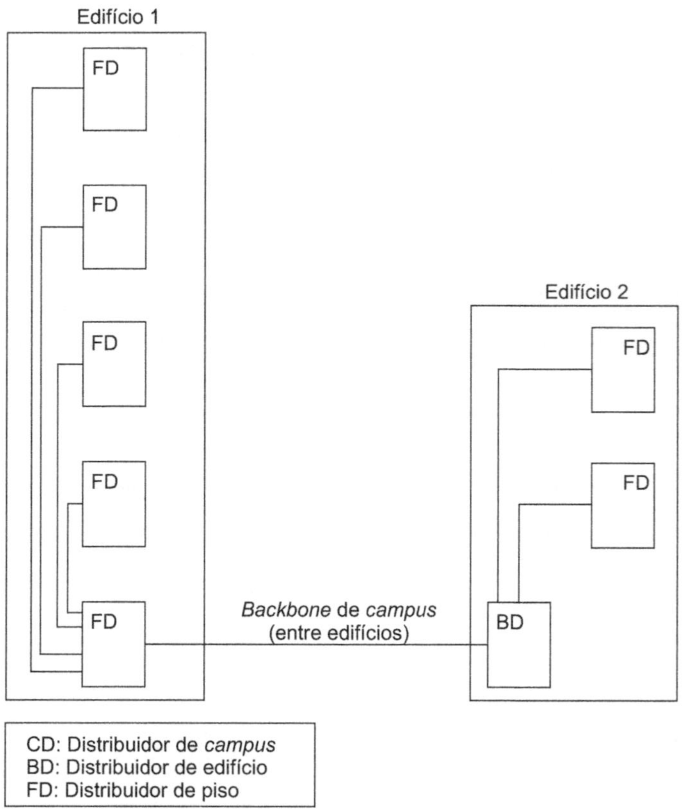

Figura 3.14 - Subsistema de *backbone* de *campus*.

A distribuição do cabeamento de *backbone* pode ser feita por meio de conexões cruzadas ou interconexões (técnicas já estudadas neste capítulo) da mesma forma que no cabeamento horizontal. É importante que o leitor observe, entretanto, que as interconexões não são permitidas pelas normas de cabeamento para conectar o cabeamento horizontal ao equipamento ativo do *backbone* diretamente, como mostra a Figura 3.15.

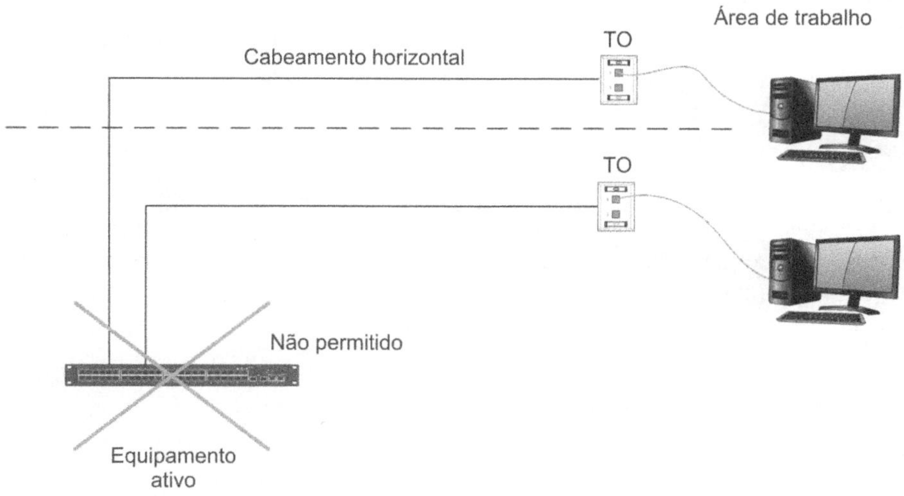

Figura 3.15 - Conexões das áreas de trabalho diretamente aos equipamentos ativos sem uma conexão cruzada ou interconexão não são reconhecidas pelas normas.

A configuração esquematizada na Figura 3.15 não deve ser utilizada em um sistema de cabeamento estruturado, incluindo o subsistema horizontal, tanto para cobre quanto para fibras ópticas.

A Figura 3.16 traz um exemplo de distribuidor óptico comumente utilizado na distribuição de *backbones* de edifício e *campus* em edifícios comerciais.

GENTILMENTE CEDIDO POR PANDUIT DO BRASIL

Figura 3.16 - Exemplo de distribuidor de edifício com fibras ópticas.

O número de emendas permitidas em um enlace óptico deve ser determinado mediante o cálculo do balanço de perdas ópticas do enlace (incluindo segmento de cabo, conectores, acopladores e emendas). Embora o cabeamento estruturado tenha como objetivo conceitual apresentar uma infraestrutura única de cabos independentemente das aplicações a serem implementadas nesse subsistema, o *backbone* deve ser projetado com base na aplicação (ou aplicações); caso contrário, não é possível garantir seu desempenho. É por este motivo que a ISO/IEC 11801 e a NBR 14565 vinculam o comprimento máximo do cabeamento de *backbone* às aplicações a serem implementadas.

FIQUE DE OLHO!

Os distribuidores de *campus* e de edifício somente podem ser instalados nas salas de equipamentos, salas de telecomunicações e na infraestrutura de entrada. Enquanto um distribuidor de *campus* serve a um *campus* inteiro ou edifício, os distribuidores de edifício atendem apenas parte da instalação. Para mais informações sobre os distribuidores em cabeamento estruturado, consulte a seção "Referências Bibliográficas" ao final desse livro.

Para finalizar a discussão sobre os subsistemas de *backbone*, os cabos especificados pelas normas para uso nesses subsistemas são:

- cabo balanceado sem blindagem U/UTP de quatro pares, 100 Ω;
- cabo balanceado blindado F/UTP de quatro pares, 100 Ω;
- cabo balanceado com dupla blindagem S/FTP de quatro pares, 100 Ω;
- cabo multipares sem blindagem, para aplicações de voz apenas;
- cabo óptico multimodo 62,5/125 μm (OM1 e OM2), 50/125 μm, bem como cabo óptico multimodo otimizado para transmissão *laser* (OM3, OM4 e OM5);
- cabo óptico monomodo.

As categorias de desempenho dos cabos de cobre reconhecidas pelas normas de cabeamento são a Categoria 5e/Classe D, Categoria 6/Classe E, Categoria 6_A/Classe E_A, Categoria 7/Classe F, Categoria 7_A/Classe F_A e Categoria 8. Cabos multipares só podem ser utilizados para aplicações de voz (telefonia) e, nestes casos, podem ser de categorias inferiores, como Categoria 3, por exemplo.

3.3 Área de trabalho

Áreas de trabalho são os espaços em um edifício comercial onde os usuários da rede interagem com seus equipamentos terminais, como computadores pessoais e telefone, por exemplo. Devem ser projetadas e construídas de modo a tornar essa interação o mais amigável possível, além de oferecer um ambiente de trabalho agradável, confortável e eficiente ao seu ocupante.

Tecnicamente, a área de trabalho é o espaço em um sistema de cabeamento estruturado em que os cabos provenientes do distribuidor de piso são terminados em tomadas de telecomunicações acessíveis aos usuários para a conexão de seus equipamentos à rede do edifício. A Figura 3.17 ilustra uma área de trabalho típica.

Cada área de trabalho deve ter duas tomadas de telecomunicações e uma delas deve ser terminada com um cabo de pares trançados Categoria 5e ou superior de quatro pares, 100 Ω U/UTP (sem blindagem) ou F/UTP (com blindagem), e a outra pode ser terminada com as seguintes opções de meios físicos, conforme especificações e recomendações de normas aplicáveis:

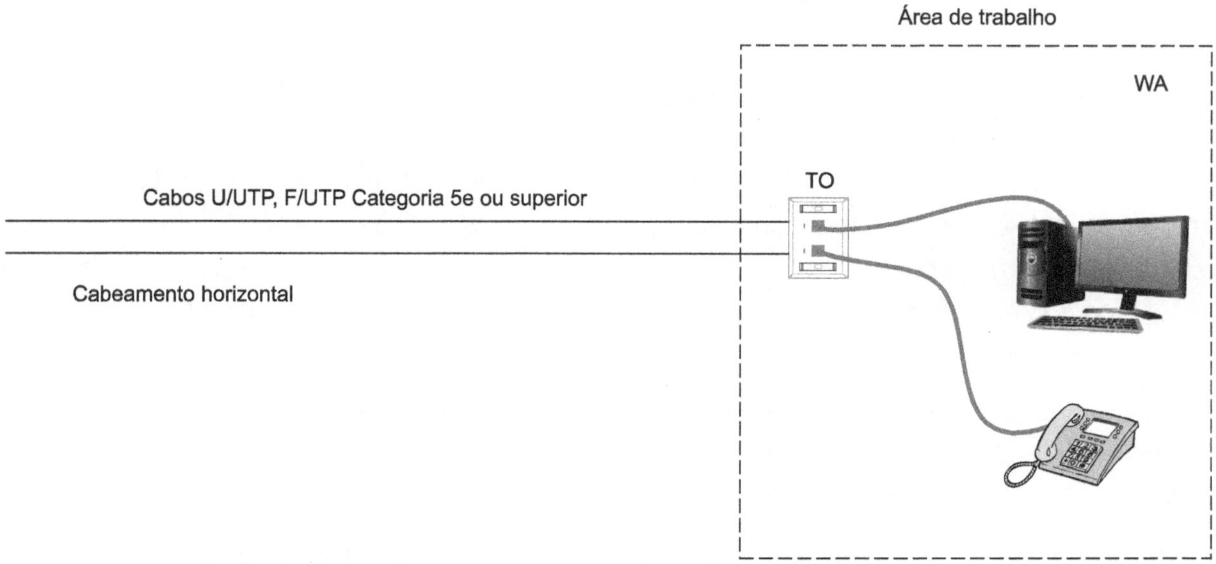

Figura 3.17 - Área de trabalho típica em um sistema de cabeamento estruturado.

- cabo de pares trançados Categoria 5e ou superior de quatro pares, 100 Ω U/UTP ou F/UTP;
- cabo de pares trançados de categorias superiores, de quatro pares, 100 Ω U/UTP ou F/UTP;
- cabo óptico multimodo de 50/125 µm e os cabos OM3 , OM4 e OM5 (otimizados para *laser*);
- cabo óptico multimodo de 62,5/125 µm.

Na prática, o mais comum é que ambas as tomadas de telecomunicações sejam terminadas com cabos U/UTP, de quatro pares, 100 Ω, Categoria 5e ou superior. Para novas instalações, uma boa recomendação é que cada área de trabalho seja implementada com duas tomadas de telecomunicações Categoria 6, U/UTP. As Figuras 2.11a e 2.11b (Capítulo 2) apresentam exemplos de tomadas de telecomunicações padrão RJ45 blindadas e sem blindagem usadas na área de trabalho.

Portanto, um mínimo de duas tomadas de telecomunicações deve ser instalado em uma área de trabalho. Normalmente, duas tomadas padrão RJ45 (ou outro padrão reconhecido por normas) são instaladas nesse espaço. As tomadas de telecomunicações podem ser colocadas em espelhos padrão 4 × 2" ou 4 × 4", em caixas de piso, em caixas de superfície ou diretamente nos painéis dos mobiliários de escritórios utilizados em ambientes comerciais, desde que as especificações referentes às práticas de instalação dos meios físicos utilizados sejam observadas (mais detalhes sobre essas práticas de instalação são apresentados no Capítulo 5).

No mínimo uma posição dentro da área de trabalho deve ser reservada para as duas tomadas de telecomunicações. Por questão de planejamento na etapa de projeto do sistema de cabeamento, recomenda-se que uma área de 5 m^2 (as normas de cabeamento recomendam que esse espaço tenha uma área de 10m^2) seja reservada para conter uma área de trabalho (WA). Para maior flexibilidade e para permitir crescimento futuro de aplicações, recomenda-se que o projetista considere uma posição adicional dentro da área de trabalho ainda nas fases iniciais de projeto.

Outra observação importante é que as tomadas de telecomunicações devem sempre ser localizadas próximas das tomadas elétricas para a alimentação dos equipamentos ativos dos usuários. O tamanho físico da área de trabalho pode ser diferente e, inclusive, inferior ao recomendado pelas normas aplicáveis de cabeamento estruturado quando um conhecimento prévio do *layout* de uma dada instalação é obtido pelo projetista. Nestes casos, a distribuição do cabeamento para a área de trabalho pode ser feita de modo a atender o *layout* proposto; independentemente de suas dimensões, no mínimo duas tomadas de telecomunicações devem ser instaladas em uma área de trabalho.

Como exemplo podemos citar instalações de cabeamento para *call centers*, *telemarketing*, balcões de atendimento ao público, entre outros, em que a densidade de pontos por área do edifício é relativamente grande em comparação com os ambientes de escritórios típicos.

O encaminhamento dos cabos dentro de uma área de trabalho pode ser feito pelo piso, pelo teto, por espaços apropriados dentro do mobiliário de escritório ou por canaletas aparentes (de superfície). As tomadas, entretanto, devem ser instaladas em posições de fácil acesso aos usuários e em componentes apropriados ao tipo de distribuição de cabos utilizado, ou seja, em instalações por meio de canaletas aparentes, as tomadas devem ser instaladas em caixas de superfície; em instalações em que os cabos são lançados por dentro dos mobiliários, as tomadas devem ser montadas em cortes apropriados nos painéis destes e assim por diante.

De qualquer forma, é importante salientar que se deve evitar a instalação das tomadas de telecomunicações em caixas de piso em ambientes que utilizam pisos frios. O motivo dessa restrição é que há sempre maior quantidade de poeira no piso e, no caso de pisos frios, a sua lavagem danifica, seriamente, as tomadas instaladas.

Em ambientes com essas características devem ser considerados componentes de uso específico, como tomadas de aplicação industrial, por exemplo. As tomadas de telecomunicações em uma área de trabalho devem ser montadas de modo a evitar danos por poeira, água, agentes químicos de limpeza, bem como outros fatores mecânicos. Recomenda-se, sempre, que dispositivos com tampas para proteção dos contatos sejam utilizados na área de trabalho; há vários fabricantes no mercado que oferecem tomadas com esses protetores. Para finalizar, os cabos U/UTP ou F/UTP devem terminar nas saídas de telecomunicações em uma área de trabalho, utilizando uma das seguintes configurações especificadas pelas normas, como mostra a Figura 3.18.

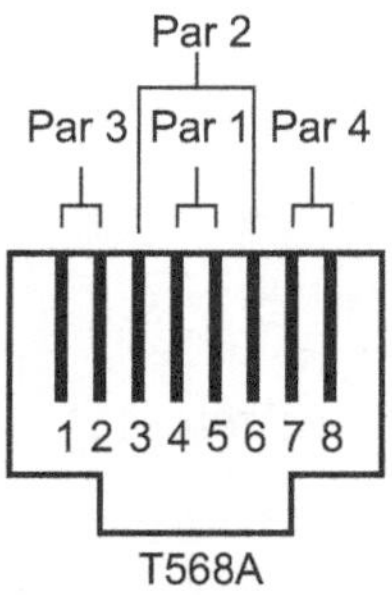

Par	Pino	Cor
Par 1	Pino 4 Pino 5	Azul Branco/Azul
Par 2	Pino 3 Pino 6	Branco/Laranja Laranja
Par 3	Pino 1 Pino 2	Branco/Verde Verde
Par 4	Pino 7 Pino 8	Branco/Marrom Marrom

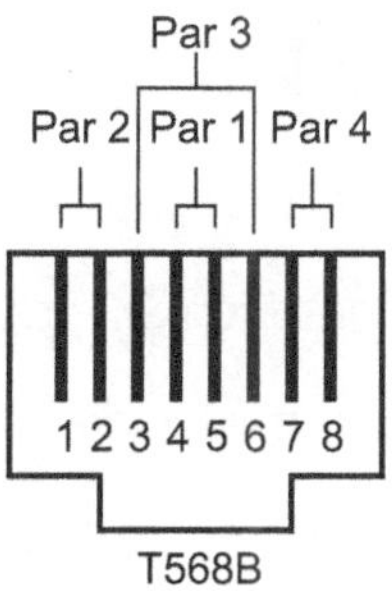

Par	Pino	Cor
Par 1	Pino 4 Pino 5	Azul Branco/Azul
Par 2	Pino 1 Pino 2	Branco/Laranja Laranja
Par 3	Pino 3 Pino 6	Branco/Verde Verde
Par 4	Pino 7 Pino 8	Branco/Marrom Marrom

Figura 3.18 - Configurações especificadas pelas normas de cabeamento estruturado em áreas de trabalho.

FIQUE DE OLHO!

Em uma dada instalação, uma única configuração deve ser utilizada para a terminação de todas as tomadas. A configuração T568-A é a mais recomendada pelas normas de cabeamento.

VAMOS RECAPITULAR?

Neste capítulo foram estudados os subsistemas do cabeamento horizontal e de *backbone*, que podem ser de edifício ou de *campus*. Vimos os tipos de cabos permitidos para cada subsistema e que o comprimento máximo do *backbone* depende do tipo de cabo utilizado, bem como da aplicação a ser implementada.

Aprendemos que a área de trabalho é o espaço onde o usuário interage com a rede e deve ter, no mínimo, duas tomadas de telecomunicações e que há duas configurações padronizadas para a terminação dos cabos de pares trançados que são a T568A e a T58B.

AGORA É COM VOCÊ!

1. Considere um edifício comercial de cinco andares com as seguintes características:
   a. Cada pavimento tem 30 áreas de trabalho.
   b. Existe um distribuidor de piso no primeiro andar e um no terceiro.
   c. O distribuidor de edifício está no andar térreo.

   Esquematize a distribuição do cabeamento estruturado dentro desse edifício e considere o seguinte:
   a. O *backbone* deve ser projetado com cabos ópticos e devem ser consideradas seis fibras para cada distribuidor de piso.
   b. O cabeamento horizontal pode ser distribuído com cabos Categoria 6.
   c. Todo o cabeamento horizontal deve ser feito com cabos U/UTP.
   d. Apresente os componentes de conexão, bem como cabos que serão utilizados nesse projeto.

   Notas:
   a. Identifique os subsistemas de cabeamento presentes nesta instalação.
   b. Marque as distâncias máximas permitidas para cada subsistema de cabeamento.
   c. Considere que o *backbone* será implementado com fibras OM3.
2. Qual é a função de um MUTO (ou MuTOA) no cabeamento horizontal? Explique como ele pode ser implementado, bem como suas restrições.
3. Que método de conexão empregado no cabeamento estruturado requer o espelhamento de portas de equipamentos ativos? Dê um exemplo de utilização desse método de conexão e suas principais características.
4. Apresente as classificações das fibras multimodo especificadas para uso no cabeamento estruturado, bem como suas distâncias de transmissão de referência (considere aplicações Ehernet de 100 Mb/s a 10 Gb/s, ou superiores).
5. Que tipo de montagem de conectores ópticos em campo é mais comum em instalações de cabeamento estruturado? Por que os conectores sem o emprego de epóxi são mais comuns?

4

ESPAÇOS DE TELECOMUNICAÇÕES E REDES

PARA COMEÇAR

O objetivo desse capítulo é estudar os espaços técnicos de telecomunicações e redes. Vamos aprender quais são estes espaços, onde são localizados no edifício (ou edifícios) para a distribuição do cabeamento estruturado e quais são os critérios para seus dimensionamentos baseados em normas técnicas específicas.

Veremos também quais são seus requisitos para construção, como dimensões, climatização, alimentação elétrica, entre outros.

4.1 Salas de telecomunicações

Os espaços de telecomunicações e redes são definidos como aqueles destinados a abrigar os distribuidores do sistema de cabeamento estruturado, bem como equipamentos ativos da rede. Esses espaços devem ser dedicados aos sistemas de telecomunicações e redes e não podem ser compartilhados com outros sistemas do edifício. A Figura 4.1 mostra a distribuição destes espaços dentro de um edifício comercial.

Algumas normas técnicas que se aplicam a caminhos e espaços para sistemas de cabeamento estruturado em edifícios comerciais utilizam uma nomenclatura comum a todos os espaços de telecomunicações e redes, e outras utilizam termos específicos para cada espaço (sala de telecomunicações, sala de equipamentos etc.). Na prática, é comum encontrarmos nomenclaturas específicas para cada espaço; isso ajuda a diferenciá-los por funções específicas, bem como no sistema de gerenciamento da infraestrutura de cabeamento.

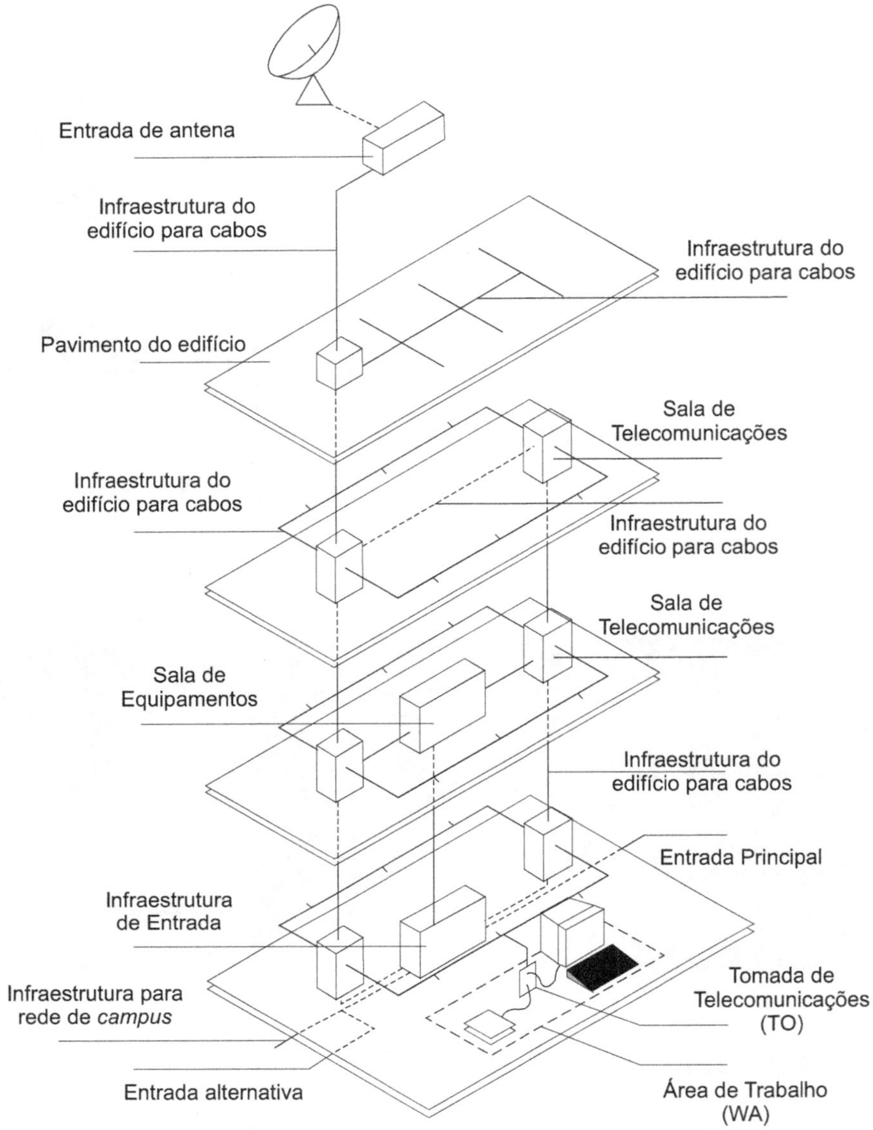

Figura 4.1 - Espaços de telecomunicações e redes em edifícios comerciais.

A sala de telecomunicações (TR) é um espaço dentro do edifício comercial que serve para a interconexão dos subsistemas de cabeamento de *backbone* e horizontal. É o espaço da instalação onde se encontra o distribuidor de piso a partir do qual é distribuído o subsistema de cabeamento horizontal. Uma boa recomendação é que haja uma sala de telecomunicações em cada pavimento de um edifício para o atendimento das áreas de trabalho. Em edifícios em que isso não é possível, uma mesma sala de telecomunicações pode atender às áreas de trabalho do pavimento em que se encontra e de pavimentos vizinhos.

De acordo com a norma ANSI/TIA-569 (em sua Revisão E atualmente), o dimensionamento da sala de telecomunicações pode ser feito com base na quantidade de tomadas de telecomunicações a serem atendidas. A Tabela 4.1 apresenta algumas recomendações de dimensões de uma sala de telecomunicações, segundo a TIA-569.

Tabela 4.1 - Recomendações para o dimensionamento da sala de telecomunicações segundo a norma ANSI/TIA-569

Tomadas de telecomunicações (TO)	Área da sala de telecomunicações (m²)	Dimensões (m)
Até 200	15	3 × 5
Entre 201 a 800	36	6 × 6
Entre 801 a 1600	72	6 × 12
Entre 1601 a 2400	108	9 × 12

A norma brasileira ABNT NBR 16415, que especifica caminhos e espaços para cabeamento estruturado, recomenda que a sala de telecomunicações tenha dimensões mínimas de 3,0 × 3,2 m (9,6 m^2) para servir espaços com até 500 tomadas de telecomunicações e 3,2 × 4,6 m (14,72 m^2), para servir espaços com até 1000 tomadas de telecomunicações.

A Figura 4.2 mostra uma sugestão das dimensões de uma sala de telecomunicações conforme a ABNT NBR 16415, para atender a um espaço de áreas de trabalho com até 500 tomadas de telecomunicações.

A Figura 4.3 mostra as dimensões sugeridas para uma sala de telecomunicações para atender a um espaço de áreas de trabalho com até 1000 tomadas de telecomunicações, conforme a norma ABNT NBR 16415.

NORMA ABNT NBR 16415

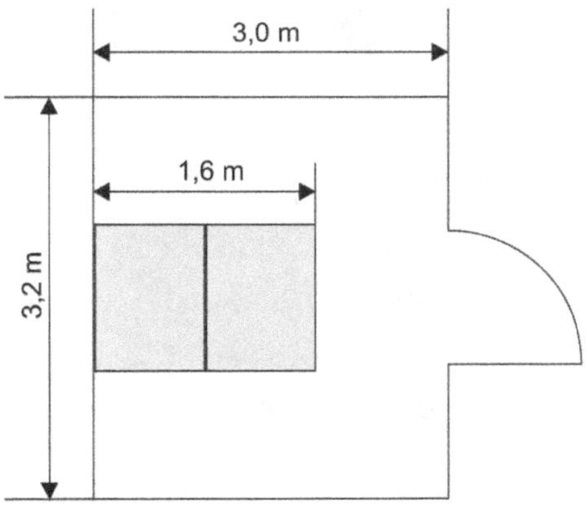

Figura 4.2 - Dimensões mínimas de uma sala de telecomunicações para atender até 500 tomadas de telecomunicações.

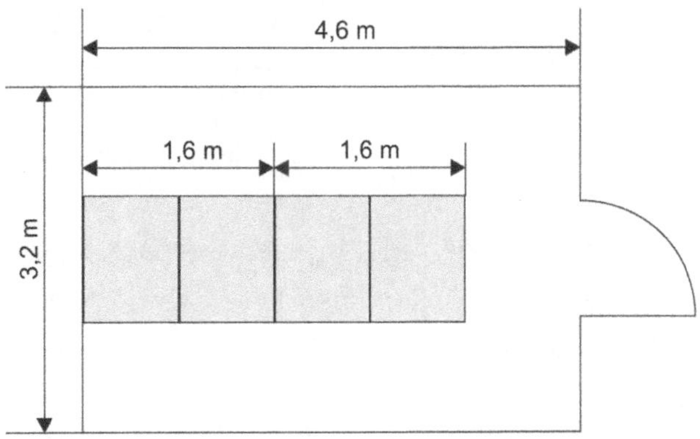

Figura 4.3 - Dimensões mínimas de uma sala de telecomunicações para atender até 1000 tomadas de telecomunicações.

Note que a sala de telecomunicações, para atender a até 1000 tomadas de telecomunicações, sofreu um aumento de 1,6 m em uma de suas dimensões (em seu comprimento) em relação à sala de telecomunicações para atender a até 500 tomadas de telecomunicações. Isso é para acomodar dois *racks*/gabinetes adicionais com capacidade para atender a mais um grupo de 500 tomadas de telecomunicações. Assim, para espaços com mais tomadas de telecomunicações, o projetista deve considerar incrementos de 1,6 m no comprimento da sala para cada grupo adicional de 500 tomadas de telecomunicações.

Uma sala de telecomunicações deve oferecer também um ambiente controlado para abrigar os equipamentos, componentes de conexão e caixas de emendas ou bloqueios ópticos que servem uma parte do edifício. Deve, ainda, facilitar o gerenciamento do sistema de cabeamento, bem como o roteamento entre os cabos e cordões de equipamentos ativos e o distribuidor correspondente (normalmente o distribuidor de piso está presente nesse espaço).

A Figura 4.4 apresenta um esquema de uma sala de telecomunicações típica.

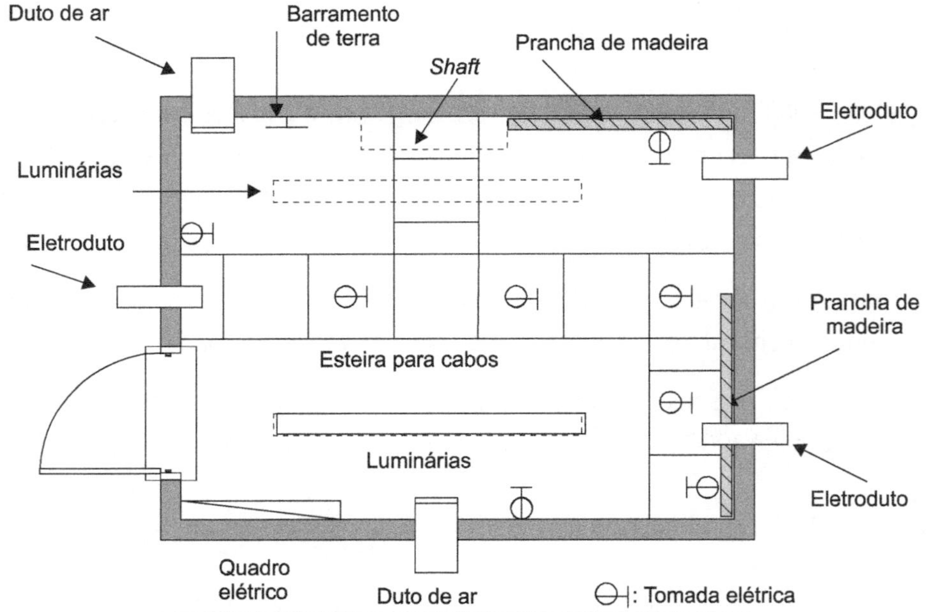

Figura 4.4 - Exemplo de uma sala de telecomunicações.

Por questões de segurança, esse espaço deve ser mantido fechado e seu acesso deve ser limitado a pessoal autorizado. Recomenda-se, também, que a sala de telecomunicações seja localizada em uma área do pavimento do edifício de modo que o acesso a ela não dependa do acesso a algum outro espaço desse pavimento.

Em algumas instalações em que não é possível ter uma sala com as dimensões adequadas para servir como sala de telecomunicações (em edifícios mais antigos, por exemplo), é possível que um espaço menor seja utilizado e desempenhe a função de uma sala de telecomunicações. A norma ANSI/TIA-569 recomenda que uma sala pequena tenha dimensões mínimas de 1,3 × 1,3 m. No entanto, quando nem esse espaço estiver disponível, o *shaft* do edifício pode ser usado como um "armário de telecomunicações". A Figura 4.5 mostra um exemplo de "armário" construído em um espaço menor que pode ser inclusive dentro de um *shaft* do edifício utilizado para a passagem de cabos.

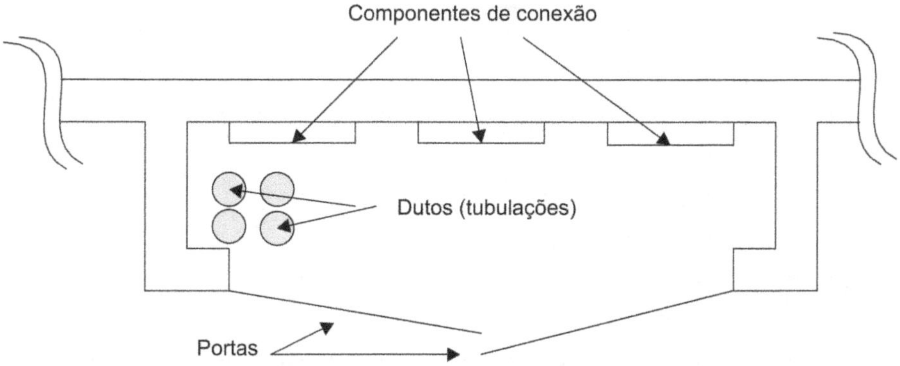

Figura 4.5 - Exemplo de "armário" de telecomunicações construído no *shaft* do edifício.

Mesmo em instalações nas quais espaços menores são utilizados em substituição às salas de telecomunicações, estes são denominados "sala de telecomunicações" por terem essa função. Então, não é necessário que tenhamos uma sala com as dimensões da Tabela 4.1 para ser uma sala de telecomunicações? Na verdade, as dimensões apresentadas naquela tabela são referências e não precisam, necessariamente, ser atendidas. O que é muito importante entender é que, seja uma sala, um "armário" ou até mesmo um gabinete, se ele tiver a função de uma sala de telecomunicações, deverá atender aos requisitos desse espaço.

FIQUE DE OLHO!

O termo *shaft* é utilizado em nosso jargão técnico e se refere ao poço (ou prumada) do edifício que o atravessa em toda sua altura. Há *shafts* dedicados ao cabeamento de telecomunicações, aos cabos elétricos, aos sistemas hidráulicos etc.

4.2 Sala de equipamentos

Uma sala de equipamentos contém normalmente uma grande parte dos equipamentos de telecomunicações e redes, terminação de cabos, bem como distribuidores de um sistema de cabeamento. A sala de equipamentos (ER) é normalmente um espaço projetado para atender a um edifício inteiro ou mesmo a um *campus* inteiro, enquanto uma sala de telecomunicações é projetada para atender a pavimentos individuais em um único edifício.

Uma ou todas as funções de uma sala de telecomunicações podem ser atendidas por uma sala de equipamentos de acordo com as características da instalação. Em um sistema de cabeamento estruturado, uma sala de equipamentos pode conter tanto o distribuidor de *campus* quanto o distribuidor de edifício. Normalmente, o distribuidor de *campus* (CD) é instalado na sala de equipamentos, conforme esquematiza a Figura 4.6.

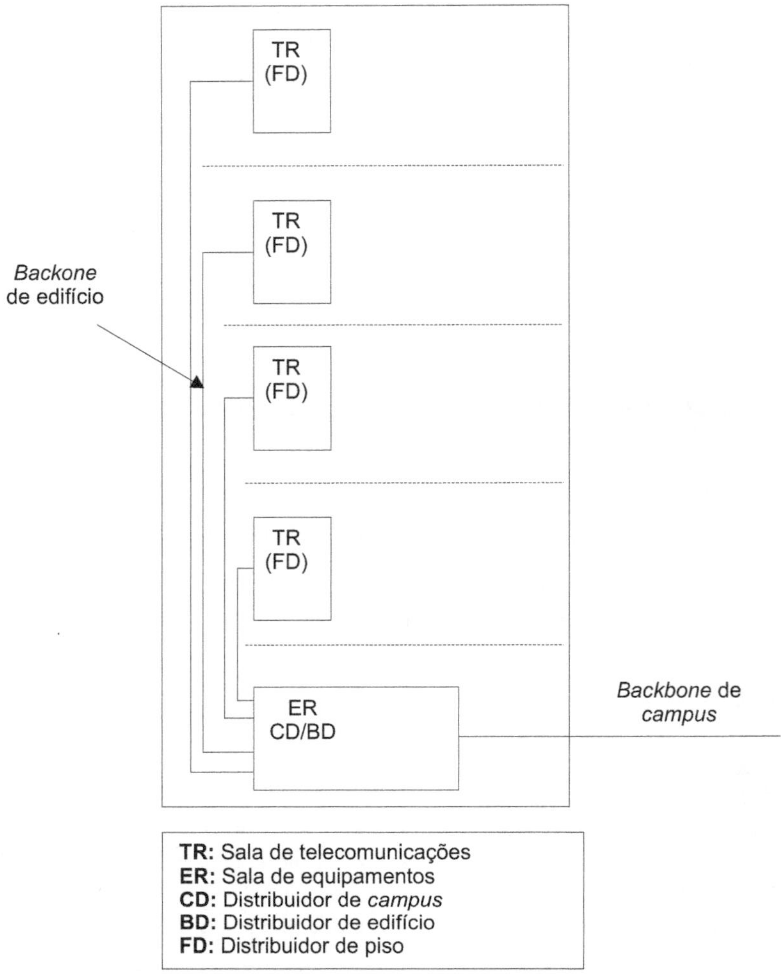

Figura 4.6 - Sala de equipamentos e elementos do cabeamento.

A sala de equipamentos deve ser posicionada no edifício de modo que a interligação desse espaço com os demais (sala de telecomunicações e infraestrutura de entrada) seja possível, independentemente de sua localização no edifício. É importante enfatizar que as normas não estabelecem regras quanto à localização desse espaço no edifício. Veja a Figura 4.1 e note que a infraestrutura para a distribuição de cabos pelo edifício interliga todos os espaços de telecomunicações e redes.

O dimensionamento da sala de equipamentos (ER) é tratado de forma distinta pela ANSI/ TIA-569 e pela ABNT NBR 16415, da mesma forma que o dimensionamento da sala de telecomunicações (TR). A ANSI/TIA-569 especifica que este espaço tenha no mínimo 10 m^2 se abrigar um distribuidor de edifício (BD) e 12 m^2, no mínimo, se abrigar um distribuidor de *campus* (CD). Nesse caso, para uma área de edifício servida pelo CD de até 50.000 m^2. Para cada 10.000 m^2 a mais de área de edifício a ser atendida, a área do CD deve ser aumentada em 1 m^2.

A ABNT NBR 16415 trata o dimensionamento da sala de equipamentos (ER) da mesma forma que da sala de telecomunicações (TR), ou seja, os mesmos critérios quanto às dimensões do espaço se aplicam (ver Figura 4.2 e Figura 4.3).

4.3 Infraestrutura de entrada

É o espaço em um sistema de cabeamento que contém o ponto de demarcação do cabeamento, ou seja, a separação entre o cabeamento externo (de responsabilidade dos provedores de serviços e acessos locais) e o cabeamento interno (de responsabilidade do proprietário ou usuário do edifício).

A infraestrutura de entrada (EF), em outras palavras, é o espaço que contém cabos, componentes de conexão, dispositivos de proteção e outros equipamentos necessários para interligar os cabeamentos externo e interno. Esse espaço pode abrigar também a infraestrutura de *backbone* de edifício e de *backbone* de *campus*. Na Figura 4.1, pode-se observar também a localização da infraestrutura de entrada em uma instalação de cabeamento estruturado.

A infraestrutura de entrada (EF) deve ser localizada em uma área seca, não sujeita à inundação e o mais próximo possível da entrada de energia elétrica do edifício. Isso é para permitir que ramais de distribuição elétrica possam ser levados até a EF de forma mais ágil, bem como o aterramento. Em áreas de entrada de serviços *wireless*, a EF deve ser localizada o mais próximo possível deste espaço (ver Figura 4.1).

Em termos de dimensionamento, a ANSI/TIA-569 trata esse espaço da mesma forma que uma sala de equipamentos para abrigar um distribuidor de *campus*, ou seja, esse espaço deve ter no mínimo 12 m^2, para uma área de edifício servida pela EF de até 50.000 m^2. Para cada 10.000 m^2 a mais de área de edifício a ser atendida, a área da EF deve ser aumentada em 1 m^2.

A norma ABNT NBR 16415 trata esse espaço de forma bem particular e não especifica suas dimensões mínimas. No entanto, para efeito de dimensionamento, a ABNT NBR 16415 considera a EF como uma sala de telecomunicações de baixa densidade. Em outras palavras, ela deve ser dimensionada para ter a função de uma sala de telecomunicações, porém suas dimensões dependerão da quantidade e tipo de cabos, componentes de conexão e eventuais equipamentos ativos de rede que podem ser instalados nesse espaço.

A ANSI/TIA-569 considera um espaço adicional em edifícios monousuário, ou seja, edifícios comerciais que são utilizados por um único cliente. Para esses ambientes, a TIA-569 traz um espaço denominado "espaço do provedor", que deve ser conectado à infraestrutura de entrada, conforme mostra a Figura 4.7.

O espaço dos provedores de acesso e serviços são usados para a instalação de equipamentos de comunicação, suporte e serviços. Esse espaço deve ser compartilhado com vários provedores. Portanto, suas dimensões devem levar em consideração tipos e quantidades de equipamentos ativos, *racks*, gabinetes, bem como componentes de conexão que serão instalados.

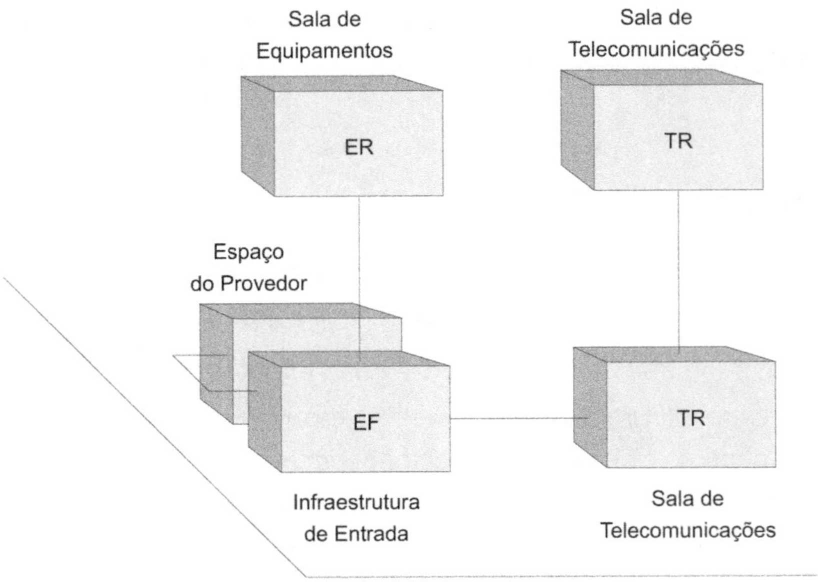

Figura 4.7 - Espaço do provedor conforme definido na ANSI/TIA-569.

A Figura 4.8 mostra um exemplo de *layout* de um espaço de provedor, conforme especificado na ANSI/TIA-569.

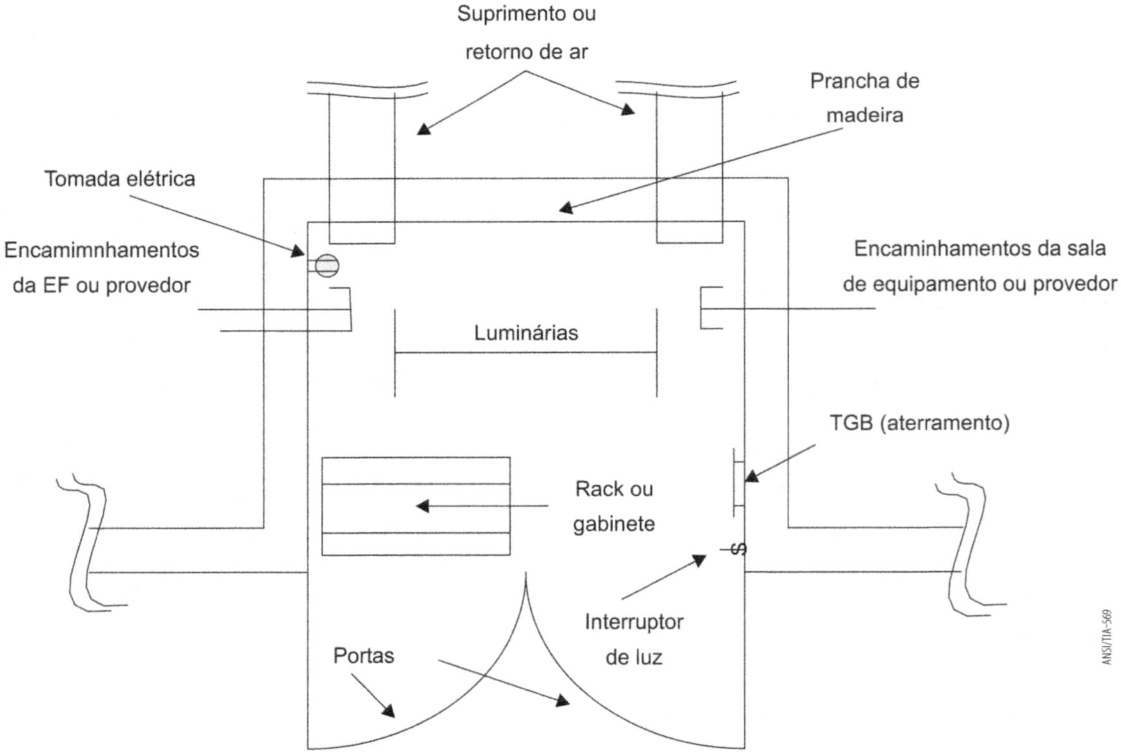

ANSI/TIA-569

Figura 4.8 - *Layout* de um espaço de provedor de acesso e serviços.

A Tabela 4.2 apresenta as dimensões recomendadas do espaço de provedor, bem como suas funções e equipamentos que ele deve abrigar.

Tabela 4.2 - Características do espaço do provedor

Espaço	Tamanho mínimo recomendado	Função/equipamento
Espaço do provedor de acesso	1,5 m × 2,0 m	Localidade para equipamentos de transmissão e suporte do provedor de acesso.
Espaço do provedor de serviço	1,5 m × 2,0 m	Localidade para equipamentos de transmissão e suporte do provedor de serviço.

4.4 Requisitos dos espaços de telecomunicações e redes

Até o momento, neste capítulo, aprendemos sobre os espaços de telecomunicações e redes e vimos que há critérios bem definidos para o dimensionamento destes espaços. No entanto, além do dimensionamento dos espaços propriamente dito, há outros critérios que devem ser considerados e que serão apresentados a seguir.

A segurança dos espaços é um fator importante e as recomendações de normas é que eles devem atender aos critérios e planos de segurança do edifício, ou seja, depende da administração do prédio. Aqui basicamente, a preocupação é que os espaços tenham algum tipo de controle de acesso e que somente o pessoal autorizado tenha acesso a eles.

A localização do espaço também deve obedecer a alguns critérios, como evitar locais que impeçam expansão e que sejam construídos em ambientes que permitam a entrada de equipamentos grandes e pesados, comuns nas salas de equipamentos (ER).

Para facilitar o acesso, e por questões de segurança, esses espaços devem ser localizados em áreas acessíveis, ou seja, que o acesso a eles não dependa do acesso a outro espaço. Por exemplo, uma sala técnica não deve ser construída dentro de uma sala de estoque, sala de reuniões etc.

As aberturas existentes nos espaços de telecomunicações e redes para a entrada de cabos, conduítes, bandejas, entre outros, devem ser seladas com materiais corta-fogo. Isso é um requisito de normas para todos os espaços técnicos e aberturas dentro de um pavimento e entre os pavimentos do edifício.

As normas recomendam que os espaços técnicos tenham pelo menos uma parede em cada espaço com uma prancha de madeira com dimensões 1,2 m × 2,4 m e espessura de 20 mm com tratamento para retardo à propagação de chamas.

Quanto ao pé direito (altura entre o piso acabado e o teto do espaço), as normas recomendam que cada espaço tenha 2,4 m no mínimo. O vão entre as lajes dos pavimentos do edifício deve ser de, no mínimo, 3,0 m. Recomenda-se que não sejam utilizados revestimentos de teto (forro falso) nos espaços técnicos.

As normas também trazem recomendações para o tratamento de pisos, paredes e tetos, que devem ser tratados para minimizar acúmulo de poeira e devem ter paredes claras e piso antiestático.

A carga de piso também é abordada por algumas normas e as recomendações são que os espaços técnicos sejam dimensionados de forma adequada para a carga de piso que deverão abrigar. Alguns equipamentos de rede podem ser muito pesados, de modo que a carga de piso pode ser um fator limitante. Edifícios mais antigos não foram projetados para receber equipamentos muito pesados em seus pavimentos.

As normas também especificam que a iluminação dos espaços técnicos deve garantir uma luminosidade de 500 lux no plano horizontal e 200 lux no vertical e a medição deve ser realizada a 1 m do piso acabado.

As portas devem ter uma abertura mínima de 0,90 m e altura de 2,0 m e devem abrir para fora. Espaços maiores necessitarão de portas duplas com abertura mínima de 1,8 m e altura de 2,3 m. Devem ter fechadura e controle de acesso. Uma observação importante é que os espaços técnicos não devem ter janelas.

As normas trazem sugestões quanto à sinalização das salas técnicas, que deve ser opcional. Porém, quando implementada, deve seguir o plano de segurança do edifício. Por exemplo, os espaços técnicos são normalmente identificados, porém, por questões de segurança, a identificação não precisa ser explícita. Cada administrador da infraestrutura do edifício tem seus próprios critérios quanto à sinalização e identificação dos espaços técnicos.

Quanto aos parâmetros ambientais (climatização), os critérios são os seguintes:

- **Temperatura e umidade relativa do ar:** depende da natureza do espaço. Uma sala de equipamentos precisa que a temperatura seja mantida dentro de parâmetros seguros para a operação dos equipamentos ativos (normalmente entre 18 °C e 27 °C) e a umidade relativa do ar deve ser controlada, normalmente em 60%.
- **Entrada de contaminantes:** devem ser usadas barreiras e pressão positiva na sala (ar fluindo de dentro para fora do espaço) para prevenir a entrada de contaminantes; filtros também podem ser utilizados, o que é pouco comum nesses espaços em edifícios comerciais.
- **Troca de ar:** em salas de baterias ou espaços que contenham uma quantidade significativa de baterias deve haver ventilação forçada para a troca de ar.

Outra observação importante é que os espaços técnicos devem ser projetados para evitar a infiltração de água. Por exemplo, eles não devem ser localizados sob ambientes que tenham instalações hidráulicas, como banheiros, cozinhas, lavanderias etc. Em casos de potencial infiltração, drenos devem ser colocados no espaço técnico.

Para finalizar, é comum que *racks* e gabinetes sejam instalados nos espaços técnicos. As normas trazem algumas recomendações e especificações quanto à instalação de *racks* e gabinetes, conforme apresentado a seguir:

- ***Rack*:** é uma estrutura aberta e normalmente utilizada para a instalação dos componentes do cabeamento estruturado.
- **Gabinete:** é uma estrutura fechada que pode ter portas com fechaduras com tranca, normalmente utilizada para a instalação de equipamentos ativos de telecomunicações e redes (*switches* Ethernet, roteadores, servidores etc.).
- **Montagem:** a tomada de ar do equipamento deve ser à frente, enquanto a saída de ar deve estar na parte traseira do *rack* ou gabinete.
- **Distâncias livres para manutenção e instalação de equipamentos:** deve ser considerado 1 m à frente (1,2 m preferível), 0,60 m atrás (1,0 m preferível). Alguns equipamentos podem ter outros requisitos, por isso o projetista deve sempre seguir as especificações do fabricante do equipamento a ser instalado no *rack* ou gabinete.
- **Climatização:** a recomendação é que sejam conformados corredores frios e quentes para uma melhor climatização do ambiente.
- **Altura:** o *rack* ou gabinete deve ter no máximo 2,4 m (2,1 m preferível) com largura de 19".
- **Profundidade:** recomenda-se que o gabinete tenha 150 mm de profundidade, além da profundidade do maior equipamento a ser instalado nele.
- **Alimentação elétrica:** cada *rack* ou gabinete deve ser alimentado por dois circuitos diferentes e dedicados.

VAMOS RECAPITULAR?

Neste capítulo foram estudados os espaços de telecomunicações e redes e suas funções. Aprendemos que são, basicamente, três: sala de telecomunicações (TR), sala de equipamentos (ER) e infraestrutura de entrada (EF). Vimos também, que em alguns casos, pode haver um espaço denominado espaço de provedor. Estudamos o dimensionamento dos espaços e aprendemos sobre seus requisitos gerais, tais como parâmetros ambientais, dimensões de portas, pé direito, proteção contra incêndio etc.

AGORA É COM VOCÊ!

1. Com base no exercício 1 do Capítulo 3, dimensione as salas de telecomunicações (TR) e a sala de equipamentos (ER) para acomodar os distribuidores do cabeamento estruturado. Apresente os requisitos de cada um dos espaços. Utilize as especificações e recomendações de ambas as normas, ABNT NBR 16415 e ANSI/TIA-569 para desenvolver essa questão.
2. Dimensione uma sala de telecomunicações (TR) para atender uma rede com 2000 tomadas de telecomunicações. Utilize as recomendações e especificações da norma ANSI/TIA-569.
3. Dimensione uma sala de equipamentos (ER) para atender a uma rede de *campus* com 100.000m^2 de área de edifícios a serem atendidas. Utilize os critérios da norma ANSI/TIA-569.
4. Os espaços técnicos do edifício em um sistema de cabeamento estruturado precisam ter equipamentos de ar-condicionado para garantir a operação segura dos equipamentos ativos de telecomunicações e TI? Explique.
5. Quais são os critérios para a contenção de incêndio em espaços de telecom e TI, bem como os materiais utilizados para esse fim? Explique.

5

PRÁTICAS DE INSTALAÇÃO

PARA COMEÇAR

O objetivo deste capítulo é estudar as práticas de instalação do cabeamento estruturado. Vamos aprender sobre os raios mínimos de curvatura para cabos de cobre e fibras ópticas, configurações de "conectorização" e polaridade das fibras ópticas. O processo de emenda óptica por fusão será abordado em detalhes nesse capítulo.

Estudaremos as práticas de instalação que se aplicam aos encaminhamentos do cabeamento estruturado e vamos aprender como dimensionar a ocupação de calhas e dutos.

5.1 Problemas relativos ao cabeamento

O serviço de execução do cabeamento estruturado em uma rede não consiste apenas no lançamento dos cabos pelas dependências da edificação. Há vários fatores que devem ser considerados no projeto do cabeamento estruturado, bem como testes devem ser executados para garantir que o cabeamento entregue atende a normas pertinentes e apresenta condições de oferecer o desempenho esperado ao longo de seu ciclo de vida.

Quando precisamos apresentar uma proposta de projeto do cabeamento estruturado, precisamos obter algumas informações do cliente, de natureza de engenharia do projeto, como:

- Projeto de arquitetura (*layout* das áreas de trabalho, bem como outros espaços do edifício) onde o cabeamento estruturado será instalado. Essa informação deverá ser obtida em formato eletrônico (arquivo CAD).
- Projeto de distribuição elétrica, ar-condicionado, segurança, Circuito Fechado de TV (CFTV), automação do edifício (*BMS*), projeto hidráulico, entre outros.

- Projeto de localidades com requisitos específicos, como áreas do edifício que apresentem condições hostis para a instalação de componentes padrão do cabeamento para edifícios comerciais (casa de máquinas, estacionamentos, áreas externas etc.).

Com esses projetos em mãos, teremos que identificar as localidades para a construção dos espaços técnicos (o que em geral é definido pelo cliente), possibilidades para os encaminhamentos de cabos, tipos de caminhos possíveis: aéreos, sob o piso, embutidos, para que possamos, em conjunto com as informações de TI, preparar um anteprojeto ou pré-projeto do sistema de cabeamento.

Com relação aos requisitos de TI (informática, propriamente dita), precisamos conhecer o seguinte:

- As aplicações mais importantes a serem implementadas nos subsistemas de cabeamento horizontal e de *backbone*.
- Outras eventuais aplicações que podem ter requisitos bem específicos em termos de meio físico.
- Fator de crescimento da rede: ambos, em termos de tomadas de telecomunicações (ou áreas de trabalho) e de aplicações de rede. Por exemplo, a instalação inicial pode contemplar um cabeamento de *backbone* para 1 Gb/s com capacidade de crescimento para 10 Gb/s em cinco anos.

Com base nas informações de engenharia e TI podemos então elaborar nosso pré-projeto do cabeamento.

A próxima fase do trabalho é uma visita de campo para confrontar os dados apresentados pelos vários projetos recebidos até então com as condições reais da instalação. O objetivo mais importante da visita de campo é a análise quanto a interferências de ordem mecânica e estrutural para a determinação ou confirmação do encaminhamento escolhido para o sistema de cabeamento. Uma análise quanto a possíveis interferências de ordem eletromagnética para a determinação dos caminhos para o lançamento dos cabos também deve fazer parte da visita de campo. Essa análise muitas vezes é mais subjetiva que objetiva, pois normalmente não temos ferramentas adequadas para uma análise mais precisa nessa fase.

No caso de um *retrofit* (reforma), uma verificação das condições da infraestrutura existente, bem como da possibilidade de seu aproveitamento total ou parcial para as novas instalações também deve fazer parte dessa fase do trabalho.

Normalmente, no caso de *retrofit*, ou ainda em edifícios mais antigos sem infraestrutura dedicada, o caminho mais conveniente para a distribuição dos cabos é obtido com a instalação de canaletas ou eletrodutos aparentes, pois, dessa forma, podemos escolher a melhor opção para o lançamento dos cabos. No entanto, normalmente a liberdade não é tão grande. Muitos edifícios possuem algum tipo de estrutura dedicada ao cabeamento, embora, na maioria dos casos, esta não possa ser utilizada de forma eficiente, pois não foi dimensionada para as necessidades atuais ou não oferece condições de ser utilizada devido a questões de dimensionamento, obstruções nos dutos, umidade e outros fatores.

Em edifícios comerciais, seja para instalações novas, seja para *retrofit*, os forros falsos e os pisos elevados são utilizados com muita frequência para a infraestrutura do cabeamento estruturado. O uso de piso elevado é uma solução mais comum.

Ainda, com relação a problemas potenciais de interferência eletromagnética, é importante que o encaminhamento do cabeamento estruturado não compartilhe aquele utilizado pelos sistemas elétricos. Caminhos de cabos próximos a reatores de lâmpadas e em paralelo a caminhos da rede elétrica devem ser evitados e, quando isso não for possível, alguma distância deve ser mantida entre eles.

Em algumas edificações mais antigas, é comum encontrarmos ainda as malhas de piso com calhas metálicas embutidas. Normalmente, são montadas em conjuntos de três calhas, uma para telefonia, uma para dados e uma para rede elétrica. Esse tipo de estrutura não costuma ser útil nos dias de hoje, pois a quantidade de cabos instalados é muito grande e as calhas disponíveis não oferecem muito espaço.

Uma vez reunidas as informações necessárias sobre a instalação, juntamente com as informações da rede, podemos projetar um sistema de cabeamento eficiente e seguro.

O cabeamento em cobre instalado deve ser verificado adequadamente antes de sua entrega ao usuário final ou proprietário do edifício para que seu desempenho seja avaliado e comprovado como satisfatório. Deve-se tomar como referência os limites estabelecidos pelas normas aplicáveis a cada parâmetro elétrico de transmissão, cuja verificação é requerida por elas.

Há parâmetros elétricos definidos por normas, bem como arranjos e metodologias de testes para a realização dos testes de campo de desempenho do cabeamento instalado.

O termo técnico utilizado para esses testes é "Certificação do Cabeamento". Tecnicamente, a certificação do sistema de cabeamento é a análise de sua resposta em frequência. O termo "certificação" é assim utilizado pelo fato de que os testes realizados em campo têm como objetivo certificar uma determinada categoria de sistema de cabeamento, ou seja, confirmar pelas medições realizadas por equipamentos de testes específicos que o sistema sob teste está em conformidade com os requisitos da categoria de desempenho para a qual foi projetado e instalado.

Podemos dizer que o cabeamento responde adequadamente (em frequência) a uma dada categoria de desempenho quando o enlace ou canal verificado apresenta um resultado "APROVADO" (indicando que passou no teste de certificação). Mais detalhes a respeito de testes de campo e certificação são apresentados no Capítulo 6.

As práticas de instalação adequadas para os cabeamentos horizontal e de *backbone* devem ser seguidas para assegurar o desempenho inicial e contínuo do sistema de cabeamento ao longo de sua vida útil. Isso é particularmente importante para sistemas de cabeamento de alto desempenho, aplicando-se a cabos e componentes de conexão em cobre e fibra óptica. Os cabos de cobre de alto desempenho são sensíveis a anomalias externas.

Por exemplo, destrançar um par de condutores de cobre, além do máximo especificado pelas normas e por seus fabricantes, pode causar um efeito adverso nas características de transmissão do par ou dos pares afetados, efeito que pode resultar uma falha de diafonia (NEXT ou FEXT) em um teste de certificação. Desconsiderar os requisitos de raios mínimos de curvatura pode também afetar as características de desempenho de transmissão do enlace ou canal, efeito que resulta uma falha de perda de retorno em um teste de certificação. Quanto maior a frequência de transmissão, maior é o risco de que um enlace ou canal instalado de forma incorreta afete o desempenho do sistema. No Capítulo 6 veremos em mais detalhes os testes a serem executados para a certificação e ativação do cabeamento.

5.2 Instalação dos cabos de cobre e componentes de conexão

Os cabos e componentes, também referidos como *hardware* de conexão, devem ser instalados de modo que permitam uma inspeção visual da instalação. Isso deve ser feito antes da execução dos testes de desempenho do cabeamento instalado. Observe a detecção de falhas, como:

- cabos com a capa danificada;
- cabos com curvaturas excessivas;
- cabos estrangulados por amarras ou abraçadeiras muito apertadas sobre um feixe de cabos;
- cabos instalados fora de infraestrutura adequada (calha, bandeja, conduíte etc.);
- cabos com capas deformadas por nós produzidos nos cabos durante a etapa de lançamento ao serem retirados de suas caixas (Figura 5.1);
- caixas de superfície soltas com tomadas de telecomunicações montadas;
- tomadas montadas em caixas de piso sem proteção dos contatos;
- falta de conexão ao sistema de aterramento de telecomunicações nos espaços de telecomunicações;
- entre outras, a falha deve ser sanada para que, então, os testes de desempenho sejam executados.

Os cabos de pares trançados são armazenados em caixas. Isso facilita o transporte e a instalação, além de oferecer proteção adicional. No entanto, o instalador deve tomar cuidado ao puxar o cabo da caixa para evitar a formação de nó e a deformação da capa do cabo durante a instalação. Isso pode deformar os pares e afetar o desempenho de transmissão do cabo.

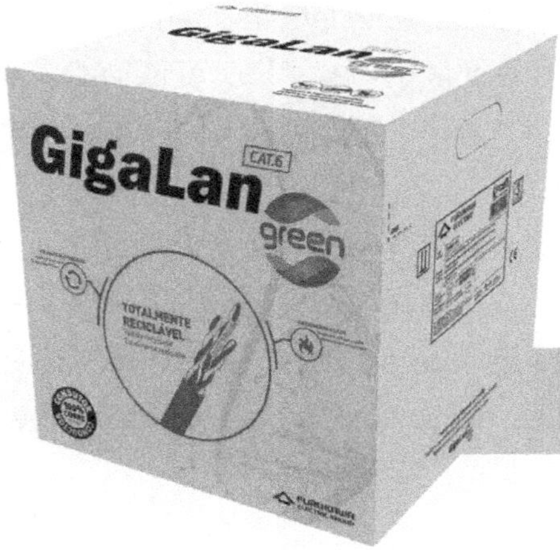

GENTILMENTE CEDIDO POR FURUKAWA

Figura 5.1 - Embalagem típica de cabo de par trançado.

O estresse causado no cabo devido à tensão aplicada pelas cintas usadas para organizar os cabos em feixes deve ser minimizado para evitar o estrangulamento.

Não há restrição quanto ao uso de diferentes tipos de abraçadeiras, porém as normas recomendam que fitas do tipo velcro sejam utilizadas para amarrar os cabos, como mostra a Figura 5.2.

GENTILMENTE CEDIDO POR TYCO/AMP NETCONNECT

Figura 5.2 - Exemplo de fitas do tipo velcro para amarração dos cabos.

Há algumas práticas de instalação que devem ser seguidas pelo instalador para que o cabeamento seja aprovado nos testes de certificação de campo, o que garante que ele foi instalado de forma correta e está pronto para suportar as aplicações de rede por seu tempo de vida útil.

O raio mínimo de curvatura é um dos parâmetros de instalação mais críticos. A Tabela 5.1 mostra quais são os requisitos de raio mínimo de curvatura em condição de repouso (cabeamento instalado) para os cabos de pares trançados.

Tabela 5.1 - Raios mínimos de curvatura de cabos balanceados

Tipo de cabo	Raio mínimo de curvatura (em repouso, instalado)
U/UTP, 4 pares	4x diâmetro externo
F/UTP e S/FTP, 4 pares	8x diâmetro externo
U/UTP, multipares	10x diâmetro externo
U/UTP, *patch cord*	6 mm
F/UTP e S/FTP, *patch cord*	50 mm
Cabos balanceados Classes C, D, E e F	Aplicações com largura de banda de até 600 MHz

Como podemos fazer essa medição em campo? Essa é uma boa pergunta. Na verdade, não há como medir o raio de curvatura do cabeamento instalado. Então, isso não é importante? Pelo contrário, é muito importante. O raio mínimo de curvatura é um parâmetro de instalação crítico, pois, se um segmento de cabo balanceado for dobrado além de suas especificações, seu desempenho pode ser afetado. Em condições extremas, isso pode apresentar uma falha em um teste de certificação de campo do cabeamento.

Assim, os raios mínimos de curvatura apresentados na Tabela 5.1 são para a condição de repouso (cabo instalado), ou seja, depois de terem sido retirados de suas caixas, puxados pela infraestrutura da instalação e terminados em seus respectivos componentes de conexão. Para os *patch cords* esses raios de curvatura são os mínimos na condição de instalados e organizados nos *patch panels*, bem como *racks* e gabinetes.

A Figura 5.3a apresenta segmentos de cabos de pares trançados sem blindagem terminados em *patch panels*, bem como detalhes de raios de curvaturas e uso de cintas para organização dos feixes de cabos no distribuidor.

A Figura 5.3b mostra um gancho do tipo "J" e segmentos de cabos de pares trançados apoiados nele. A quantidade de cabos neste caso deve ser tal que não cause deformações nas capas dos cabos devido ao peso dos cabos sobre o gancho.

A Figura 5.3c exibe suportes de cabos tipo *waterfall'* (queda-d'água, em português) para dar a ideia de que os cabos "caem" do encaminhamento de teto rumo aos *racks* para suas terminações nos componentes de conexão. Esses suportes garantem os raios mínimos de curvatura especificados pelas normas, bem como de fabricantes.

GENTILMENTE CEDIDO POR PANDUIT DO BRASIL

(a) (b) (c)

Figura 5.3 - Raios de curvatura, cintas e suportes de cabos.

Os fabricantes de cabos, bem como as normas, trazem especificações de tensão máxima de tração para o puxamento dos cabos. Em instalações reais e sob condições normais de lançamento dos cabos, o instalador não precisa se preocupar com essa especificação, tampouco medir a força de tração aplicada aos cabos durante o lançamento deles ao longo dos caminhos dentro de edifícios e entre eles.

Uma recomendação é o uso do bom senso ao executar essa tarefa sem danificar os cabos por excesso de força de tração, ou seja, puxar os cabos de modo que eles sejam conduzidos por sua infraestrutura de maneira suave. Se o instalador estiver aplicando muita força para puxar os cabos, se sentir que eles estão muito "pesados" no lançamento, é sinal de que o trabalho deve ser interrompido, reavaliado e então reiniciado para evitar danos aos cabos e reprovação nos testes de certificação do cabeamento.

Para manter o balanceamento elétrico dos cabos de pares trançados, os critérios de destrançamento dos pares, devido às suas terminações nos componentes de conexão, devem ser os seguintes:

a. O destrançamento máximo dos pares de cabos Categoria 3 (16 MHz) e inferiores (Classes A e B, por exemplo) deve ser de 75 mm.

b. O "destrançado" máximo dos pares de cabos Categoria 5e (100 MHz) e superiores, incluindo cabos de categorias 6, 6A, 7, 7A e 8, deve ser de 13 mm.

O cabo deve ser decapado para ser adequadamente terminado no componente de conexão; a quantidade de capa do cabo a ser retirada é aquela necessária para sua terminação, não havendo valores específicos quanto a essa quantidade em normas aplicáveis. Caso um fabricante em especial tenha critérios próprios quanto a isso, estes devem ser seguidos para que problemas de desempenho do cabeamento instalado sejam evitados. A Figura 5.4 apresenta o detalhe de um cabo U/UTP terminado em uma tomada RJ45.

GENTILMENTE CEDIDO POR TYCO/AMP

Note que a integridade da capa do cabo é mantida até o ponto de terminação do cabo no *hardware* de conexão.

Figura 5.4 - Detalhe de um cabo U/UTP terminado em uma tomada RJ45.

FIQUE DE OLHO!

As normas recomendam que uma sobra de 30 cm, para cabos balanceados, seja deixada na área de trabalho para efeito de reterminações em casos de manutenção e, que uma sobra de 3 m seja deixada nos espaços de telecomunicações para manutenção, bem como mudança de posição do componente de conexão dentro do *rack*.

Uma boa prática de instalação é a utilização de cabos, componentes de conexão e *patch cords* do mesmo tipo (U/UTP, F/UTP ou S/FTP) e mesma categoria de desempenho. Os *patch cords* são normalmente usados como cordões de equipamentos (nos distribuidores) e cordões de usuários na área de trabalho.

Para minimizar os problemas de transmissão, os *patch cords* podem ser adquiridos já montados e testados em fábrica (por seus fabricantes) ou montados em campo por instaladores. Quando montados por instaladores, uma boa recomendação é que os serviços sejam executados em laboratório. Se isso não for possível, um local limpo na obra e com espaço adequado para o trabalho deve ser escolhido para essa tarefa.

A Figura 5.5 mostra um exemplo de plugue U/UTP para montagem em campo pelo instalador e também da ferramenta de terminação (ou conectorização, como referido no jargão técnico).

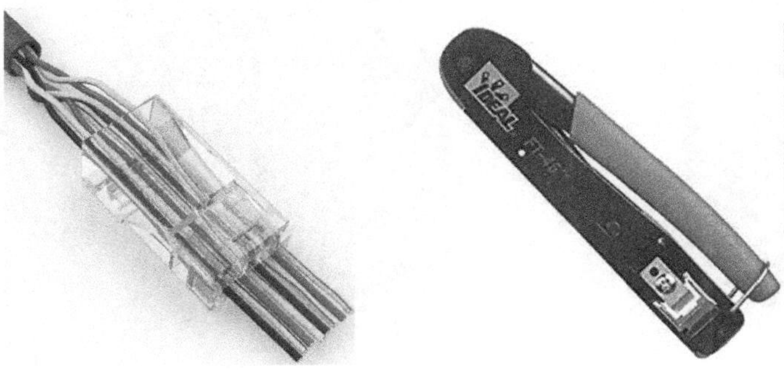

GENTILMENTE CEDIDO POR IDEAL INDUSTRIES

Figura 5.5 - Plugue RJ45 para montagem em campo.

Quando utilizados, os cabos e componentes de conexão blindados devem ser instalados de acordo com as instruções de seus fabricantes, ter a blindagem terminada em ambos os extremos do enlace e aterrada nos espaços de telecomunicações e redes (sala de telecomunicações, infraestrutura de entrada e sala de equipamentos). Em geral, recomenda-se que a blindagem seja aterrada em apenas uma extremidade do enlace balanceado blindado.

A norma ANSI/TIA-607-D, norte-americana, especifica um sistema de aterramento para cabeamento de telecomunicações em edifícios comerciais. As normas ABNT NBR 5410 e ABNT NBR 5419, brasileiras, também trazem especificações de projeto e instalação de sistemas de aterramento e proteção eficientes.

A Figura 5.6 mostra os acessórios para aterramento de componentes blindados em *racks* e sistemas de aterramento para cabeamento de telecomunicações em edifícios comerciais.

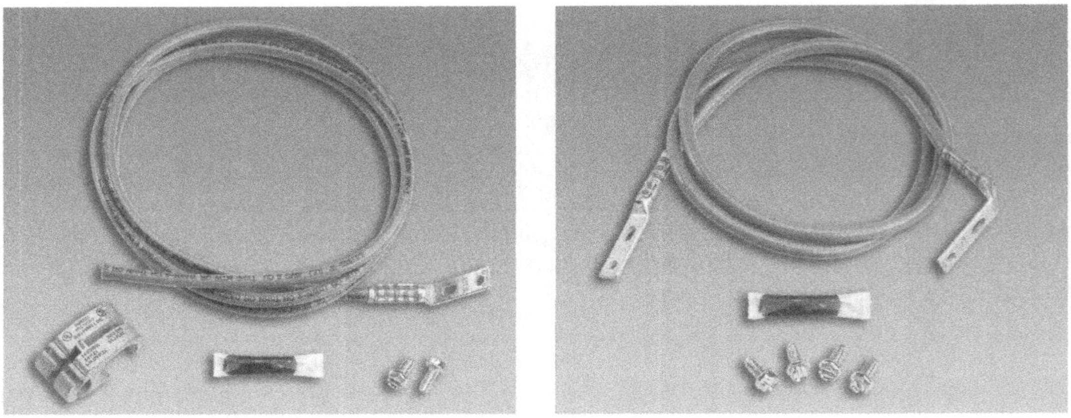

GENTILMENTE CEDIDO POR PANDUIT DO BRASIL

Figura 5.6 - Acessórios de aterramento para *racks* e gabinetes em sistemas de cabeamento estruturado.

O instalador deve seguir práticas adequadas e normalizadas de instalação de modo a garantir que o cabeamento instalado atenda à sua categoria de desempenho correspondente nos testes de certificação de campo. Para isso são necessárias ferramentas adequadas, conforme mostrado na Figura 5.7.

GENTILMENTE CEDIDO POR TYCO/AMP NETCONNECT

Figura 5.7 - Kit básico de ferramentas do instalador de cabeamento estruturado.

A qualidade da conexão é muito importante para o bom desempenho do cabeamento instalado. As terminações IDC, ou conexão por deslocamento do isolante do condutor, são feitas com as ferramentas de impacto conhecidas como *punch-down* (essa ferramenta aplica um golpe sobre o componente com impacto suficiente para manter o condutor em contato permanente com o componente que pode ser uma tomada, um *patch panel*, um bloco de conexão etc.). A Figura 5.8c apresenta um exemplo dessa ferramenta.

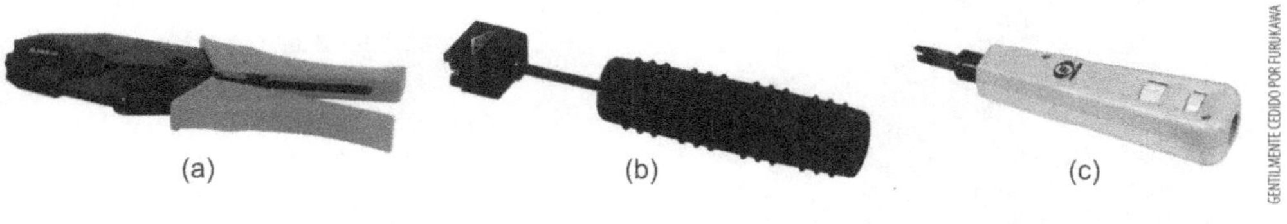

Figura 5.8 - Ferramentas que compõem o kit para terminação ("conectorização") do cabeamento metálico. (a) ferramenta de "crimpagem" de plugues tipo RJ45; (b) ferramenta de terminação ("conectorização") de blocos de conexão tipo 110; (c) ferramenta *punch-down*, utilizada para a terminação ("conectorização") de tomadas e *patch panels* em geral.

Essa ferramenta é usada para terminar um segmento de cabo de pares trançados nos terminais de um componente de conexão que pode ser um *patch panel*, um bloco de conexão do tipo 110, uma tomada RJ45, entre outros componentes. Em uma terminação IDC (com ferramenta *punch-down*) não há necessidade de decapar os condutores individualmente, pois isso é feito no momento em que a ferramenta é pressionada contra o contato com o condutor que se deseja terminar, posicionado sobre ele.

Essa ferramenta possui uma "mola" responsável pela "força" do impacto e o instalador pode, em geral, selecionar o tipo de impacto (forte ou leve) que será aplicado no processo de terminação (ou "conectorização"). Essas ferramentas possuem lâminas que fazem a terminação e cortam o excesso do condutor simultaneamente de modo a executar uma terminação eficiente e limpa. As lâminas têm uma vida útil especificada pelo fabricante da ferramenta e após uma determinada quantidade de terminações devem ser substituídas. O uso de uma mesma lâmina indiscriminadamente causa deformações mecânicas nos contatos dos componentes e consequente perda de seu desempenho.

A Figura 5.9 mostra um exemplo da lâmina usada em ferramentas *punch-down*.

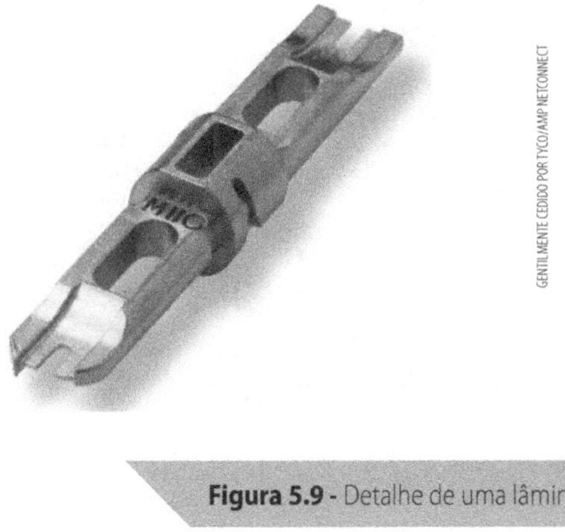

A lâmina usada em ferramentas *punch-down* tem, em geral, duas lâminas integradas em uma única peça. Um lado que termina o condutor e corta seu excesso (parte de baixo da figura) e um lado que termina o condutor sem cortar o excesso (parte superior da figura).

Figura 5.9 - Detalhe de uma lâmina utilizada em ferramentas *punch-down*.

Para finalizar com relação às práticas de instalação do cabeamento metálico, o instalador deve sempre terminar os quatro pares de um segmento de cabo balanceado no componente de conexão em ambos os extremos, conforme o detalhe da Figura 5.10.

Detalhe da terminação dos quatro pares do cabo no componente de conexão.

Nesta figura o cabo é terminado em uma tomada estilo RJ45.

Figura 5.10 - Detalhe da terminação de um cabo balanceado em uma tomada RJ45.

5.3 Instalação dos cabos ópticos e componentes de conexão

Em uma distribuição de cabeamento óptico, cada segmento de cabo deve ser instalado de modo que as fibras de números pares sejam terminadas nas posições A em uma extremidade do enlace e nas posições B na extremidade oposta, e as fibras de números ímpares sejam terminadas nas posições B em uma extremidade do enlace e nas posições A na extremidade oposta. A Figura 5.11 apresenta essa topologia de distribuição do cabeamento óptico.

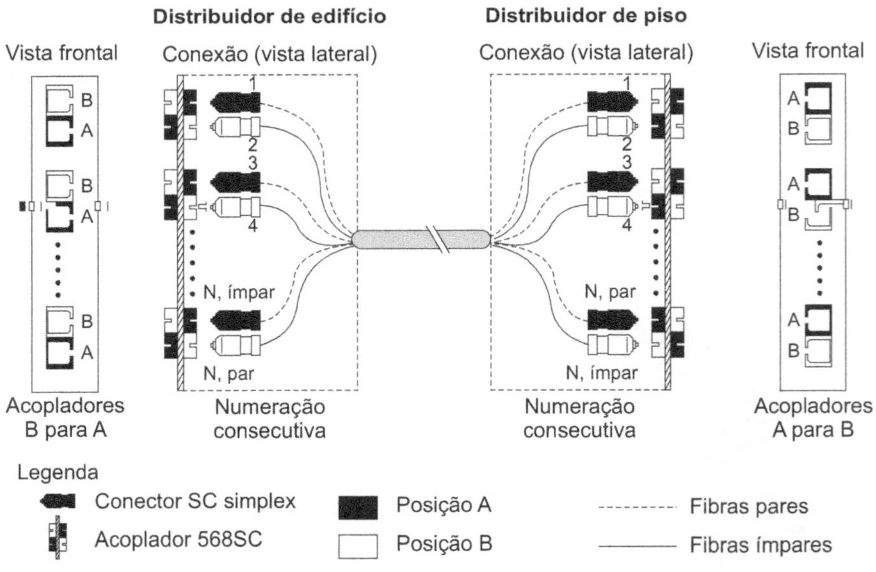

GENTILMENTE CEDIDO POR NORMA NBR 14565

Figura 5.11 - Topologia de distribuição do cabeamento óptico.

A distribuição das fibras no edifício deve ser feita de modo que elas sejam terminadas em ordem direta em ambas as extremidades do enlace óptico.

Os acopladores ópticos são então instalados para conectar as fibras em ordem inversa, ou seja, as fibras terminadas nas posições 1-2 de uma extremidade do enlace serão conectadas às posições 2-1 da outra e assim por diante para os outros pares de fibras presentes em uma dada localidade (espaço de telecomunicações e redes).

Os *patch cords* ópticos devem ser fabricados com cabos de duas fibras do mesmo tipo das usadas no enlace ou canal e com conectores ópticos instalados em ambas as extremidades. Os *patch cords* ópticos são usados como cordão de equipamento ou cordão de usuário na área de trabalho. Devem ser montados em orientação cruzada (ou *crossover*, como utilizado no jargão técnico de cabeamento), ou seja, a posição A de uma fibra em uma extremidade do cordão é conectada à posição B na extremidade oposta e vice-versa. A Figura 5.12 demonstra essa configuração de *patch cord* óptico.

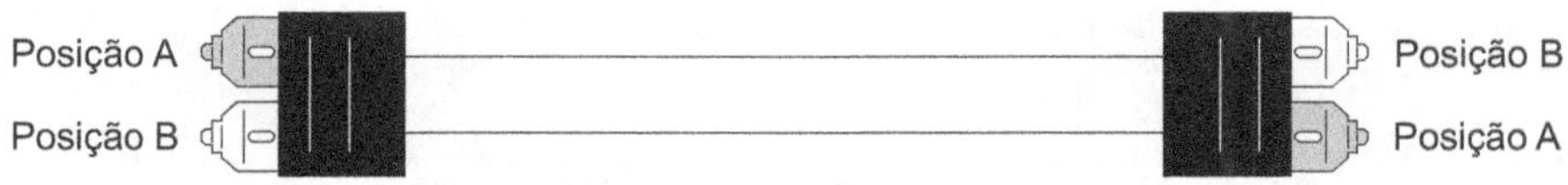

GENTILMENTE CEDIDO POR NORMA NBR 14565

Figura 5.12 - Orientação crossover dos patch cords ópticos.

A Figura 5.13 mostra um exemplo de *patch cord* óptico disponível no mercado.

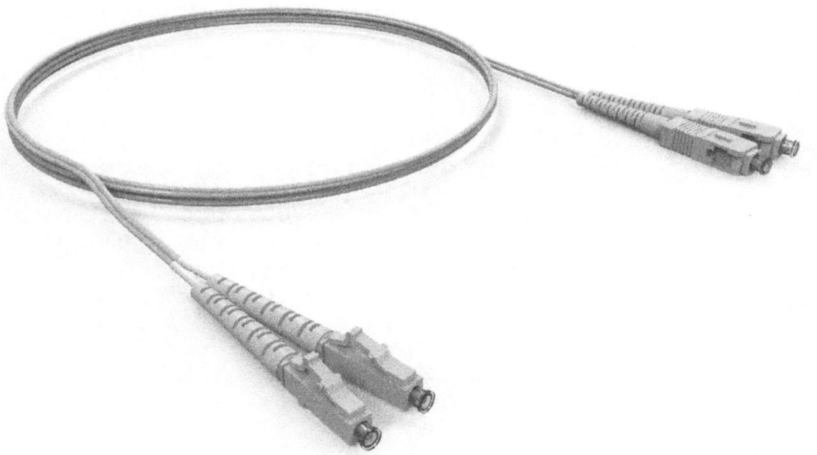

GENTILMENTE CEDIDO POR FURUKAWA

Figura 5.13 - Exemplo de *patch cord* óptico LC-LC disponível no mercado.

Nós já vimos neste capítulo que os raios mínimos de curvatura são parâmetros críticos para o bom funcionamento do cabeamento metálico. Da mesma forma, é importante que o instalador observe e siga as recomendações dos fabricantes, bem como especificações de normas técnicas para os cabos ópticos. Esses cabos são ainda mais sensíveis que os cabos metálicos com relação aos raios mínimos de curvatura, durante e após a instalação. A Tabela 5.2 apresenta algumas especificações e recomendações de raios mínimos de curvatura para cabos ópticos.

Tabela 5.2 - Valores típicos de raios mínimos de curvatura para cabos ópticos

Subsistema de cabeamento	Número de fibras no cabo	Raio mínimo de curvatura (cm)	
		Em repouso (instalado)	Durante a instalação (sob tração)
Backbone de edifício	Até 12	10,5	7,0
	Até 24	15,5	10,5
	Até 84	22,5	15,0
Backbone de *campus*	Até 48	26,5	17,5
	Até 72	30,5	20,5
	Acima de 200	29,5	19,0
Horizontal	2	6,5	4,5
	4	7,2	4,8

Note o leitor que os raios mínimos de curvatura devem ser maiores em condições de repouso, ou seja, após a instalação é importante que as fibras não sofram tensão demasiada, pois isso pode comprometer seu desempenho ao longo do tempo. Durante a instalação, quando os cabos ópticos são puxados, é permitido que o raio mínimo de curvatura seja menor, porque, nessa condição, existe uma força de tração aplicada ao cabo. Tanto os cabos metálicos quanto os cabos ópticos são projetados e construídos para resistir à tração mecânica (dentro de certos limites, é claro) durante a instalação.

FIQUE DE OLHO!

As normas recomendam que uma sobra de 1 m, para cabos ópticos multimodo, seja deixada na área de trabalho (quando utilizada no subsistema de cabeamento horizontal) para efeito de reterminações em casos de manutenção e que uma sobra de 3 m (tanto para cabos monomodo, quanto multimodo) seja deixada nos espaços de telecomunicações e redes para serviços de manutenção, bem como mudança de posição do componente de conexão óptico dentro do *rack*.

5.4 Emenda óptica por fusão

Como vimos neste e em capítulos anteriores, os cabos ópticos são utilizados com frequência no subsistema de cabeamento de *backbone*, tanto de *campus*, quanto de edifício (Capítulo 3).

Vimos também que a topologia mais comum de *backbone* óptico é a conexão entre dois distribuidores (um distribuidor de edifício a um distribuidor de piso, quando no subsistema de cabeamento horizontal) ou entre um distribuidor de *campus* e um de edifício em um *backbone* de *campus*. Para revisar essa distribuição, veja a Figura 2.23 no Capítulo 2.

Para exemplificar de forma mais prática o processo de fusão óptica, vamos considerar um *backbone* de edifício. Bem, os cabos que são lançados entre os distribuidores de edifício (BD) e de piso (FD) são normalmente de uso interno, conhecidos como cabos de distribuição, conforme mostrado na Figura 5.14.

GENTILMENTE CEDIDO POR FURUKAWA

Figura 5.14 - Exemplo de um cabo de distribuição utilizado no *backbone* de edifício.

De uma forma geral, a construção de um cabo óptico de distribuição é conforme mostrado na Figura 5.15.

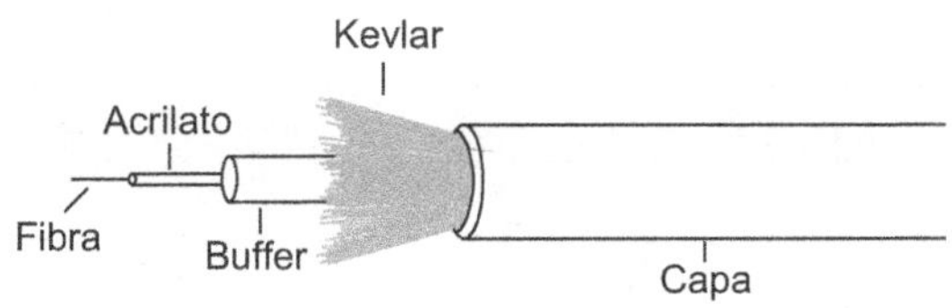

Figura 5.15 - Exemplo de construção de um cabo óptico de distribuição.

Os cabos de distribuição deverão ser terminados nos distribuidores ópticos presentes tanto no distribuidor de edifício (BD) quanto no piso (FD). Um exemplo de distribuidor óptico utilizado em instalações de cabeamento estruturado pode ser visto na Figura 2.20 (Capítulo 2).

Conforme mostrado na Figura 5.14, o cabo de distribuição possui uma quantidade de fibras que precisam ser terminadas em algum padrão de conector óptico para que elas possam ser conectadas às portas ópticas de equipamentos ativos de rede, como os *switches* Ethernet.

O processo mais comum para a terminação do cabo óptico de distribuição em um distribuidor óptico é o de fusão das fibras ópticas. Para isso é necessário o uso dos *pigtails* ópticos. Um *pigtail* óptico é um pedaço de fibra com um conector terminado em uma de suas extremidades, conforme mostrado na Figura 5.16.

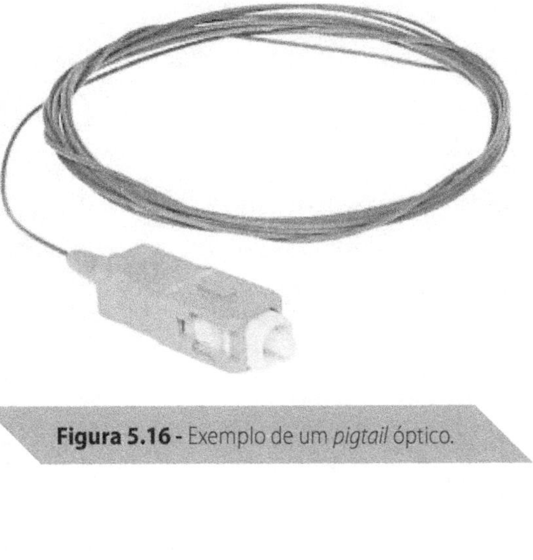

Figura 5.16 - Exemplo de um *pigtail* óptico.

Cada fibra do cabo de distribuição que chega ao distribuidor óptico deve ser emendada a um *pigtail*. Esse processo recebe o nome de fusão óptica e é feito com o uso de máquinas específicas para isso, conforme mostrado na Figura 5.17.

(a) Fitel Furukawa (b) Fujikura

Figura 5.17 - Exemplos de máquinas de fusão óptica.

A emenda de cabos ópticos pelo processo de fusão oferece uma conexão com perdas extremamente baixas, o que é o ideal em instalações ópticas. As emendas são feitas com o auxílio de equipamentos especiais conhecidos como máquinas de fusão óptica, conforme mostrado na Figura 5.17. Essas máquinas executam a fusão de fibras ópticas em dois passos que são o alinhamento dos núcleos das duas fibras e a geração de um arco voltaico (uma faísca elétrica) para fundir as fibras e soldá-las uma à outra.

Máquinas de fusão de alta precisão são geralmente equipamentos de alto custo. Por meio de um treinamento adequado, o técnico pode executar fusões ópticas e obter resultados de atenuação da ordem de centésimos de dB (0,01 dB) em campo para ambos os tipos de fibras, monomodo e multimodo.

Vamos aprender como fazer uma fusão óptica?

O primeiro passo é a decapagem do cabo óptico. O cabo deve ter aproximadamente um metro de sua capa removida para expor as fibras ópticas. É comum que os cabos ópticos tenham um cordão (de material sintético) para auxiliar no processo de decapagem. O técnico pode prendê-lo a um alicate e rasgar a capa do cabo na quantidade necessária. Com a capa removida, as fibras estão prontas para o processo de fusão. Uma boa recomendação é que o local onde as fusões serão feitas esteja limpo e livre de poeira, as mãos do técnico também devem estar limpas e sem resíduos oleosos que podem sujar as fibras e até impedir que a fusão seja feita. Normalmente, em instalações de cabeamento estruturado, as condições de limpeza do ambiente são favoráveis, o que não ocorre em instalações de planta externa.

Com as fibras identificadas e separadas, o técnico deve remover o *buffer* de cada fibra individualmente e limpá-la. A Figura 5.18 mostra um detalhe da remoção do *buffer* de uma fibra óptica.

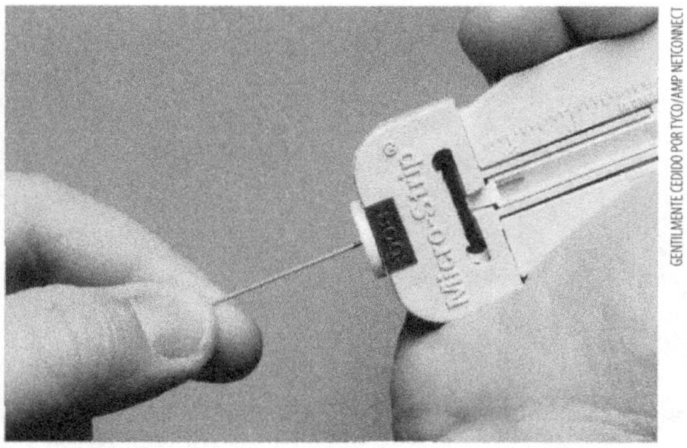

Figura 5.18 - Detalhe da remoção do *buffer* de uma fibra óptica.

A fibra a ser emendada deve ter, aproximadamente, 5 cm do *buffer* removidos com um decapador adequado e depois 5 cm da cobertura da fibra, para expor sua casca pronta para ser emendada.

Um tubete de proteção deve ser inserido em uma das fibras antes do processo de fusão propriamente dito. Esse tubete serve para oferecer uma proteção mecânica à emenda após sua execução. A Figura 5.19a mostra como o tubete protege a fusão e a Figura 5.19b apresenta um exemplo de um tubete. O tubete é de material termorretrátil que se molda sobre a fusão sob aquecimento (a máquina de fusão tem um forno para este fim) e a barra metálica de reforço da fusão confere uma resistência maior ao conjunto após a execução da emenda.

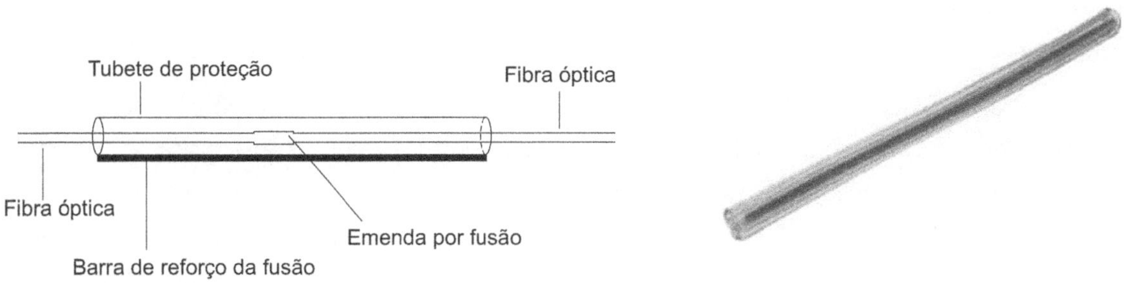

(a) Detallhe da instalação do tubete sobre a emenda para proteção mecânica (b) Exemplo de um tubete para proteção de emenda óptica

Figura 5.19 - Tubete para a proteção da emenda óptica por fusão.

A fibra decapada deve ser preparada para a fusão e limpa com um pano (que não deixe fiapos ou outros resíduos) embebido em álcool isopropílico. Após a limpeza da fibra, o técnico deve se certificar de que ela não entre em contato com contaminantes presentes no ambiente nem com as mãos.

Com um clivador (que é uma ferramenta de corte), de preferência de alta precisão, a fibra deve ser clivada, deixando o comprimento necessário de acordo com as instruções da máquina de fusão usada. O manual do usuário da máquina especifica esse comprimento. A Figura 5.20 mostra exemplos de clivadores disponíveis no mercado, bem como uma fibra sendo clivada.

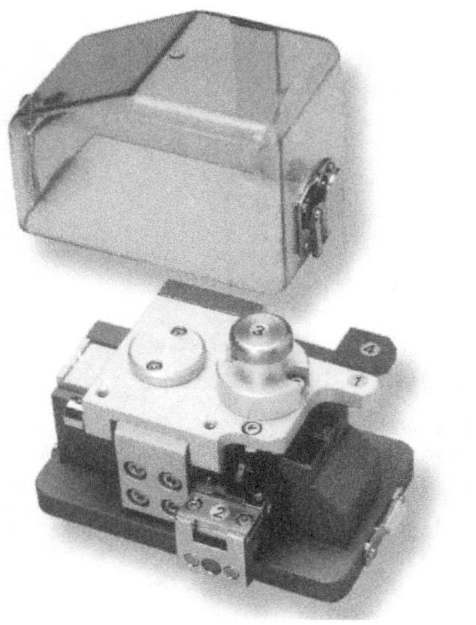

(a)

Clivador de precisão conhecido como clivador "1-2-3-4", por clivar a fibra em quatro passos devidamente identificados no instrumento.

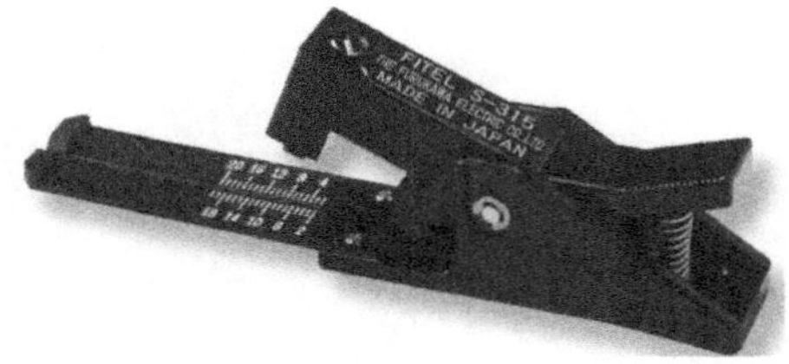

GENTILMENTE CEDIDO POR TYCO/AMP NETCONNECT

(b)

Clivador simples e de baixo custo normalmente usado pela maioria dos técnicos e presente na maioria dos kits de ferramentas para uso com fibras ópticas. Fabricante: Fitel.

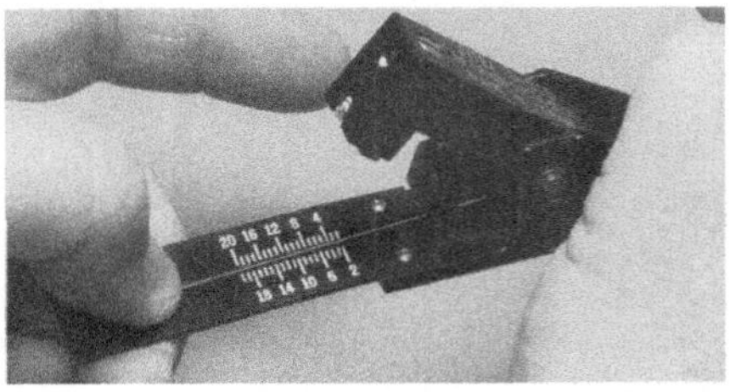

(c)

Fibra sendo clivada para posterior fusão.

Figura 5.20 - Clivadores e processo de clivagem de uma fibra óptica.

A outra fibra, que será emendada àquela previamente preparada, deve ser limpa e clivada da mesma forma que a primeira. Essa fibra será a extremidade livre do *pigtail*, como mostrado na Figura 5.16.

Agora, ambas as fibras devem ser colocadas na base da máquina de fusão e a fusão deve ser executada de acordo com as instruções da máquina utilizada. Independentemente da máquina, esse processo consiste no alinhamento das fibras na base de fusão da máquina (pode ser feito pelo técnico ou automaticamente pela máquina; isso depende das capacidades do equipamento utilizado) e disparo do arco para a fusão propriamente dita.

O processo é bastante interessante, porém simples do ponto de vista de princípio de funcionamento. O ponto de emenda, aquele representado pela junção das duas fibras, fica posicionado exatamente na frente da cabeça de disparo do arco voltaico. O arco, ao ser disparado, gera uma enorme quantidade de calor que funde o material que compõe as fibras devido ao tempo de exposição da junção das fibras ao arco voltaico. Ao extinguir-se o arco, as fibras resfriam, porém a fusão permanece. Esse processo é bastante eficiente porque as fibras têm dimensões capilares.

Agora que já temos as fibras fundidas, precisamos oferecer uma proteção mecânica à fusão, o que será feito por meio do tubete mostrado na Figura 5.19b. O tubete de proteção deve ser posicionado sobre o ponto de junção das duas fibras e colocado no forno disponível na máquina de fusão para aquecimento e travamento da fusão. O tempo de exposição ao calor é determinado pela máquina de fusão que avisa, por meio de indicadores luminosos, o momento de retirar o tubete do forno.

A emenda deve ser colocada cuidadosamente na bandeja de emendas e a reserva de fibra deve ser enlaçada nos guias adequados. O raio mínimo de curvatura das fibras é de 25 mm e deve ser observado para garantir o desempenho do enlace óptico. A Figura 5.21 mostra uma bandeja de emendas ópticas.

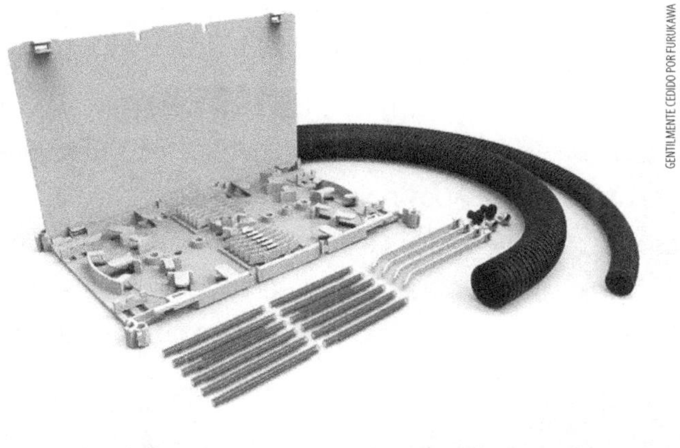

Figura 5.21 - Exemplo de bandeja para acomodar emendas ópticas por fusão.

Terminadas todas as emendas e devidamente acomodadas na(s) bandeja(s), o técnico deve montá-las no distribuidor óptico e passar à etapa de testes dos enlaces ou canais ópticos. A Figura 5.22 exibe um exemplo de distribuidor óptico completo, incluindo bandeja de emendas, *pigtails*, painéis, gaveta, bem como conectores ópticos.

Na Figura 5.22 podemos ver o detalhe de ancoragem do cabo de distribuição no distribuidor óptico. Isso é muito importante para manter o cabo fixo ao distribuidor e evitar danos às fibras e aos demais componentes.

Apesar de não ser uma tarefa comum, algumas vezes é necessário que o instalador faça a terminação de conectores ópticos em campo. Para isso há, basicamente, dois tipos de conectores: com terminação que emprega adesivo epóxi e polimento e com terminação mecânica. Os conectores terminados com epóxi e polimento são mais críticos que os conectores de terminação mecânica.

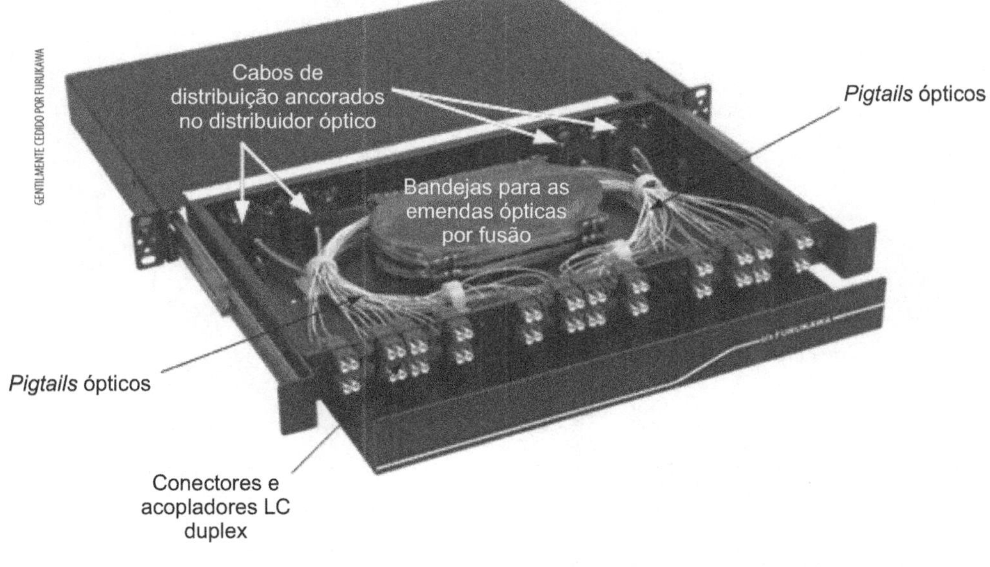

Figura 5.22 - Distribuidor óptico montado, mostrando a bandeja de emendas por fusão, os *pigtails* e os conectores/acopladores ópticos.

A terminação do conector com adesivo epóxi e polimento emprega vários passos de terminação e a qualidade da montagem é muito dependente da habilidade do instalador, bem como das condições do ambiente onde a terminação é feita. O adesivo epóxi é uma cola utilizada para manter a fibra dentro do corpo do conector. O polimento, que é a última etapa da terminação, deve ser feito com várias lixas muito finas especiais para não agredir a superfície do conector. Após polimento e limpeza, uma inspeção visual do conector (por meio de um microscópio específico) deve ser feita e dependendo da condição, o trabalho e a peça são perdidos. Para dar uma ideia da complexidade do trabalho, observe na Figura 5.23 os materiais e ferramentas que compõem um kit básico de terminação de campo de conectores ópticos que empregam epóxi e polimento.

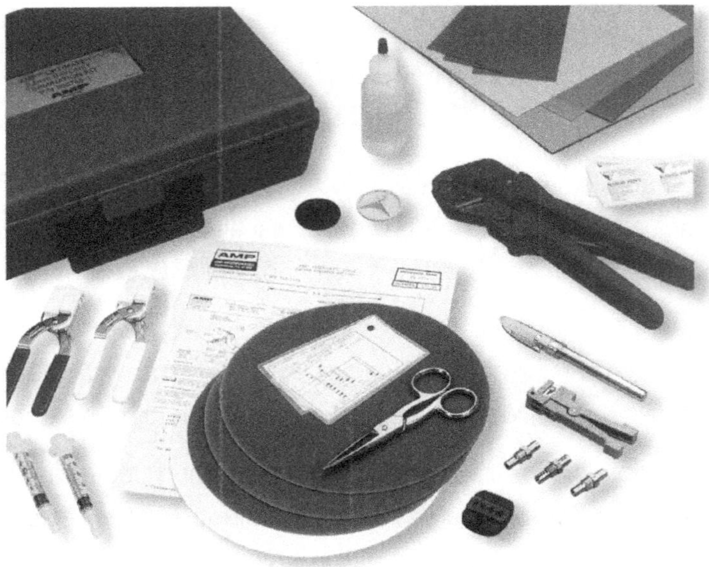

GENTILMENTE CEDIDO POR TYCO/AMP NETCONNECT

Figura 5.23 - Exemplo de um kit de terminação de campo para conectores que empregam epóxi e polimento.

A terminação de conectores sem epóxi é muito mais simples. Esses conectores têm um pedaço de fibra óptica montada em seu interior e no ferrolho a fibra já vem polida de fábrica. A Figura 5.24 mostra um exemplo de conector cuja terminação não necessita de epóxi nem polimento.

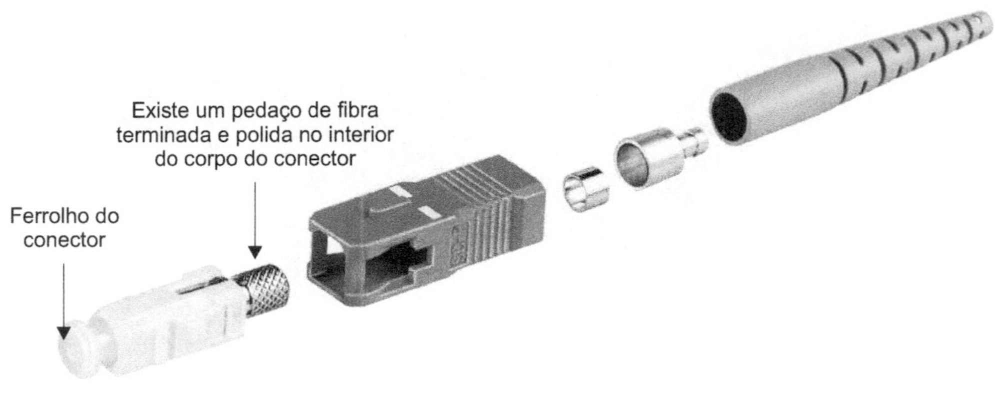

GENTILMENTE CEDIDO POR FURUKAWA

Figura 5.24 - Exemplo de um conector óptico de terminação sem epóxi.

Nesses conectores, a fibra é mantida dentro do corpo do conector óptico e funciona basicamente como uma emenda óptica mecânica. Os anéis metálicos mostrados na Figura 5.24 quando "crimpados" com uma ferramenta apropriada sobre o cabo óptico e o corpo do conector mantêm a fibra permanentemente fixada ao conector. Esses conectores também não são reutilizáveis após a "crimpagem" dos anéis, porém o instalador tem a possibilidade de refazer o corte da fibra caso note que ele não está muito bom antes de ser "crimpado". A Figura 5.25 mostra um exemplo de ferramenta de "crimpagem" utilizada em terminações ópticas.

GENTILMENTE CEDIDO POR AMP/NETCONNECT

Figura 5.25 - Exemplo de uma ferramenta de "crimpagem" utilizada em terminações de conectores ópticos.

Apesar das diferenças nos processos de terminação, ambos os conectores com e sem epóxi apresentam níveis de desempenho muito próximos. De qualquer forma, é importante salientar que a terminação de conectores ópticos em campo está cada vez menos frequente.

FIQUE DE OLHO!

Além das emendas por fusão, as fibras ópticas podem ser unidas por dispositivos de emenda mecânica, conhecidos por emendas ópticas mecânicas. Esse processo de emenda envolve a clivagem das fibras e seus alinhamentos dentro do dispositivo.

Algumas emendas mecânicas oferecem níveis de desempenho próximo àquele obtido pelo processo de fusão.

5.5 Infraestrutura do cabeamento e espaços técnicos

Algumas práticas de instalação devem ser também aplicadas aos espaços de telecomunicações e redes, bem como à infraestrutura de calhas e dutos para o lançamento dos cabos em sistemas de cabeamento estruturado. Nos espaços técnicos, além das diretrizes de projeto (estudadas no Capítulo 4), é muito importante que os materiais corta-fogo sejam instalados de forma correta.

Os materiais corta-fogo devem resistir à queima durante um tempo equivalente à sua classificação. Por exemplo, materiais classificados como F90 devem resistir a um evento de queima por 90 minutos sem que seja consumido pelas chamas e sem gerar gases tóxicos. Todas as aberturas nos espaços técnicos para a passagem de cabos devem ser preenchidas com materiais corta-fogo. Isso se aplica a qualquer abertura entre quaisquer espaços do edifício para a passagem dos caminhos de cabos. A Figura 5.26 mostra um exemplo de material utilizado para esse fim, instalado em espaços de telecomunicações.

As fotos mostram detalhes de instalação de materiais corta-fogo em edifícios comerciais.

GENTILMENTE CEDIDO POR ROXTEC

Figura 5.26 - Exemplo de utilização de material corta-fogo em espaços de telecomunicações e redes.

Algumas práticas de instalação devem ser seguidas também para a infraestrutura de distribuição do cabeamento em um sistema de cabeamento estruturado e vários materiais podem ser utilizados para isso.

A Figura 5.27 exibe alguns materiais usados em caminhos do cabeamento estruturado em edifícios comerciais.

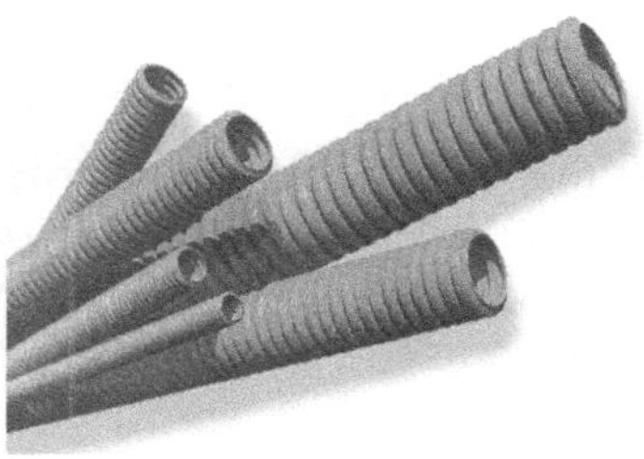

GENTILMENTE CEDIDO POR TYCO/AMP NETCONNECT

(a)

Eletrodutos corrugados. Podem ser embutidos ou instalados sobre bandejas e esteiras de cabos. O uso desse tipo de eletroduto é comum para o lançamento de cabos ópticos no mesmo encaminhamento dos cabos balanceados.

GENTILMENTE CEDIDA POR PANDUIT DO BRASIL

(b)

Canaletas aparentes. São comumente usadas em ambientes em que não há eletrodutos embutidos. Podem ser usadas na distribuição de energia elétrica para as áreas de trabalho também. Neste caso, deve ser deixada uma via livre no interior da canaleta, separando os circuitos elétricos dos cabos de telecomunicações, bem como uma divisória deve estar presente.

(c)

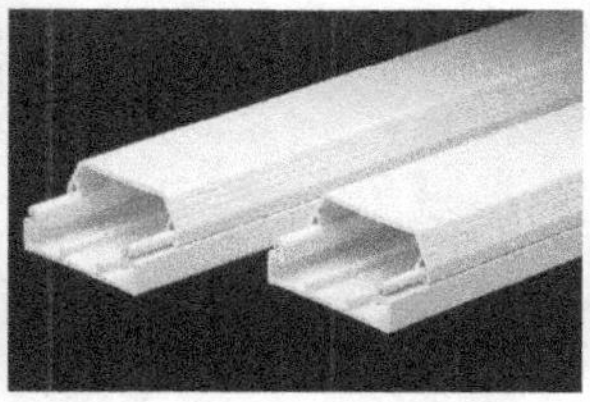

(d)

(e)

GENTILMENTE CEDIDO POR PANDUIT DO BRASIL

(f)
Encaminhamento "*ladder rack*". *Rack* em forma de escada, porém instalado na horizontal. O termo em português para esse tipo de encaminhamento é esteira de cabos.

(g)
Esteira aberta de cabos.

Figura 5.27 - Exemplos de materiais usados em caminhos de cabos em sistemas de cabeamento estruturado em edifícios comerciais.

De acordo com as normas para caminhos e espaços para cabeamento estruturado em edifícios comerciais, os cabos devem ser instalados em compartimentos dedicados a eles e suportados por estrutura própria (sem usar estruturas de outros sistemas como suporte) e, ainda, sem compartilhar esses caminhos com outros sistemas do edifício. Portanto, o uso de uma mesma infraestrutura para a instalação destes cabos e a dos cabos elétricos em um edifício comercial não é permitido pelas normas.

Os caminhos devem ser projetados de acordo com as características do ambiente onde serão instalados de modo que, dentro dos edifícios, eletrocalhas abertas são aceitas. Por outro lado, em ambientes externos os cabos devem ser instalados dentro de eletrodutos para garantir a integridade dos cabos e protegê-los contra danos eventuais. A Figura 5.28 mostra um exemplo de eletrocalha aberta para a instalação de cabos em sistemas de cabeamento estruturado.

Figura 5.28 - Exemplo de uso de eletrocalha aberta para o lançamento de cabos em sistemas de cabeamento estruturado em edifícios comerciais.

A Figura 5.29 mostra eletrodutos usados como infraestrutura do cabeamento estruturado.

Figura 5.29 - Eletrodutos em sistemas de cabeamento estruturado.

As capacidades dos caminhos devem ser observadas e, em linhas gerais, as seguintes recomendações devem ser seguidas:

- A quantidade de cabos instalados em suportes do tipo gancho ou anel deve ser limitada para não causar deformações geométricas dos cabos instalados. Essas deformações podem causar a degradação do desempenho do cabo.
- Eletrocalhas devem ser ocupadas em, no máximo, 50% de sua capacidade, considerando o fator de crescimento usado no projeto. A Figura 5.30 mostra um exemplo de uma eletrocalha com ocupação de 50%.

Figura 5.30 - Exemplo de ocupação de 50% de eletrocalhas.

- As canaletas aparentes devem prever uma ocupação inicial de 40% e oferecer compatibilidade com os requisitos de raios mínimos de curvatura dos cabos. A ocupação final de canaletas aparentes não pode ser superior a 60% de sua capacidade, já considerado o fator de crescimento da instalação.
- As canaletas disponíveis nos mobiliários de escritório devem ter uma ocupação de 40% de suas capacidades, bem como oferecer compatibilidade com os requisitos de raios mínimos de curvatura dos cabos; uma ocupação máxima de 60% é permitida.
- Acessórios adequados devem ser usados para proteger os cabos de bordas e superfícies cortantes ao longo de todo o caminho de cabos.

A Tabela 5.3 pode ser usada para o cálculo da ocupação de eletrodutos fechados em função dos diâmetros dos cabos a serem instalados nessa infraestrutura.

A ocupação considerada para a construção da Tabela 5.3 é, aproximadamente, 30%, o que representa uma ocupação efetiva de 50% da área total disponível do conduíte, considerando os espaços livres entre os cabos instalados em seu interior e duas curvas de 90° em todo o encaminhamento.

Tabela 5.3 - Ocupação de eletrodutos fechados em função dos diâmetros dos cabos

Diâmetro do eletroduto mm (pol.)	Número máximo de cabos baseado em uma ocupação de 30%							
	Diâmetro externo do cabo, mm							
	3,3	4,6	5,6	6,1	7,4	7,9	9,4	13,5
16 (½)	1	1	0	0	0	0	0	0
21 (¾)	6	5	4	3	2	2	1	0
27 (1)	8	8	7	6	3	3	2	1
41 (1 ½)	20	18	16	15	7	6	4	2
53 (2)	30	26	22	20	14	12	7	4
63 (2 ½)	45	40	36	30	17	14	12	6
78 (3)	70	60	50	40	20	20	17	7
103 (4)	-	-	-	-	-	-	30	14

A quantidade de curvas pode reduzir a capacidade equivalente de um dado eletroduto e deve ser levada em consideração na etapa de projeto. Para evitar que esse parâmetro seja uma variável no projeto de um determinado caminho, recomenda-se que caixas de passagem sejam consideradas para as curvas adicionais, ou seja, além das duas de 90° já consideradas.

VAMOS RECAPITULAR?

Neste capítulo foram estudadas as práticas de instalação aplicadas aos cabeamentos balanceado e óptico, bem como à infraestrutura para cabeamento estruturado. Aprendemos a conectorizar os cabos em seus componentes de conexão e como fazer emendas ópticas por fusão. Vimos que materiais corta-fogo devem ser utilizados e calculamos a ocupação de eletrodutos e eletrocalhas.

AGORA É COM VOCÊ!

1. Por que devem ser seguidas práticas de instalação adequadas aos sistemas de cabeamento estruturado em cobre e fibras ópticas? Explique.
2. Descreva os aspectos críticos para a execução do projeto de um sistema de cabeamento estruturado. Qual é o desafio dos projetos que envolvem *retrofit* em relação aos projetos novos?
3. Discuta as práticas de instalação mais importantes que devem ser observadas para os cabos balanceados e para os cabos ópticos em sistemas de cabeamento estruturado.
4. Quais são os passos necessários para a terminação de conectores ópticos em campo pelo método que emprega adesivo epóxi e polimento?
5. Em um processo de emenda óptica por fusão, discuta sua fase mais crítica.
6. Dimensione uma eletrocalha para suportar o lançamento de 500 segmentos de cabos de 6,1 mm de diâmetro cada um. Considere um fator de crescimento total de 20% ao longo de cinco anos.

6

TESTES DE CERTIFICAÇÃO E ATIVAÇÃO DO CABEAMENTO

PARA COMEÇAR

O objetivo deste capítulo é explicar os procedimentos de testes de certificação do cabeamento balanceado, bem como testes do cabeamento óptico.

Vamos estudar os principais parâmetros de testes do cabeamento metálico, os modelos de testes e os procedimentos para a realização da certificação do cabeamento.

Estudaremos os principais parâmetros de testes ópticos, como calcular a atenuação de um enlace óptico e os equipamentos de testes utilizados. Utilizaremos um exemplo real de *backbone* de *campus* para a determinação da atenuação esperada e vamos comparar os valores obtidos com as especificações das aplicações utilizadas.

6.1 Testes de certificação do cabeamento estruturado

6.1.1 Parâmetros de testes

Nós estudamos nos capítulos anteriores todos os aspectos que se referem ao cabeamento estruturado, desde os conceitos e projeto às práticas de instalação. O que falta para que o cabeamento possa ser utilizado pelo usuário ou cliente? Faltam os testes de verificação do cabeamento tanto para o cabeamento balanceado quanto óptico.

O cabeamento balanceado deve ser certificado, ou seja, deve ser testado conforme as especificações das normas técnicas e os resultados obtidos devem estar dentro dos limites estabelecidos pelas normas. Quando isso acontece, o equipamento de certificação apresenta um resultado aprovado, caso contrário ele apresentará uma falha e mostrará qual foi o parâmetro de teste que falhou. Quando isso acontecer, o instalador deve revisar a instalação, corrigir a falha e executar um novo teste de certificação até que o equipamento apresente um resultado "aprovado". A certificação do cabeamento metálico deve sempre ser feita antes da entrega do cabeamento instalado. Isso é um requisito de norma e não pode ser ignorado pelo instalador.

Os testes de certificação do cabeamento devem incluir o seguinte:

- configuração de terminação (normalmente referido como *wire map*);
- comprimento;
- atenuação (perda de inserção);
- paradiafonia (NEXT e PS-NEXT);
- relação atenuação diafonia na extremidade próxima (ACRN e PS-ACRN);
- relação atenuação diafonia na extremidade distante ou relação atenuação telediafonia (ACRF e PS-ACRF);
- perda de retorno;
- atraso de propagação;
- desvio de atraso de propagação.

A configuração de terminação dos pares dos cabos U/UTP, F/UTP (e outros tipos especificados pelas normas) nas tomadas de telecomunicações padrão RJ45 de oito vias deve obedecer às configurações previstas em normas. Conforme estudado no Capítulo 2, as duas configurações mais utilizadas são a T568A e a T568B.

De qualquer forma, a terminação ("conectorização") dos condutores deve seguir a configuração de pinos/pares apresentada na Figura 6.1.

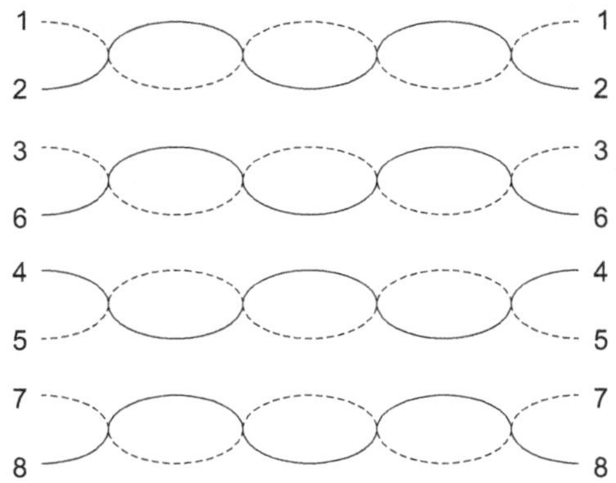

Figura 6.1 - Configuração de terminação dos pares nas tomadas de telecomunicações.

O comprimento é um parâmetro físico que deve ser verificado em campo durante os testes de certificação do cabeamento instalado.

O comprimento máximo de cada segmento de cabo permitido no subsistema de cabeamento horizontal ou de *backbone* para cabos balanceados Categoria 5e/Classe D e superiores é de 90 m na configuração enlace permanente e 100 m na configuração canal (essas configurações de teste serão estudadas em detalhes a seguir neste capítulo).

A atenuação é a perda de potência de um sinal devido à sua propagação por um meio físico qualquer. Essa perda de potência de sinal em cabos de cobre ocorre, basicamente, devido às perdas resistivas dos condutores ao longo da linha.

A atenuação é expressa em dB (decibel) e representa a relação entre a potência do sinal presente na saída de um circuito (ou canal de transmissão) e o sinal da entrada, como mostra a Figura 6.2.

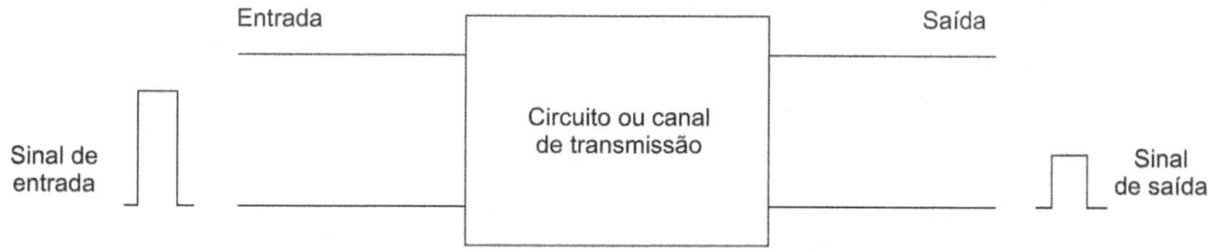

Figura 6.2 - Conceito de atenuação.

A atenuação é obtida por meio de uma função matemática e não é nosso objetivo aqui entrar nesse detalhe. No entanto, é importante que o leitor tenha uma ideia de quanto representa uma quantidade em dB. A Tabela 6.1 mostra algumas relações entre potências e seus valores em dB.

Tabela 6.1 - Relações de potência em dB

Relação de potência	dB
2 para 1	3
10 para 1	10
20 para 1	13
40 para 1	16
100 para 1	20
200 para 1	23
1000 para 1	30

Portanto, quando encontramos uma atenuação de 23 dB, por exemplo, sabemos que a potência do sinal que chegou ao receptor é 200 vezes menor que o sinal que foi enviado a ele pelo transmissor por um segmento de cabo de cobre. A atenuação, nos equipamentos de testes de certificação, é apresentada com o nome "perda de inserção".

Um efeito importante em cabeamento estruturado balanceado é a diafonia (*crosstalk*), que é o efeito que causa a linha cruzada, e ocorre devido à interferência eletromagnética entre os sinais que se propagam por diferentes pares dentro do mesmo cabo.

Os cabos de pares trançados são projetados e construídos para oferecer um desempenho aceitável mesmo na presença da diafonia. Do ponto de vista de instalação do cabeamento para que interferências por diafonia sejam minimizadas, o instalador deve:

- destrançar os pares do cabo balanceado o mínimo possível para sua terminação nos componentes de conexão e de acordo com especificações de normas (ver Capítulo 5 para mais detalhes);
- utilizar cabos de pares trançados blindados em ambientes que podem estar sujeitos à interferência eletromagnética.

A interferência por diafonia pode ser avaliada de duas formas, conforme mostra a Figura 6.3.

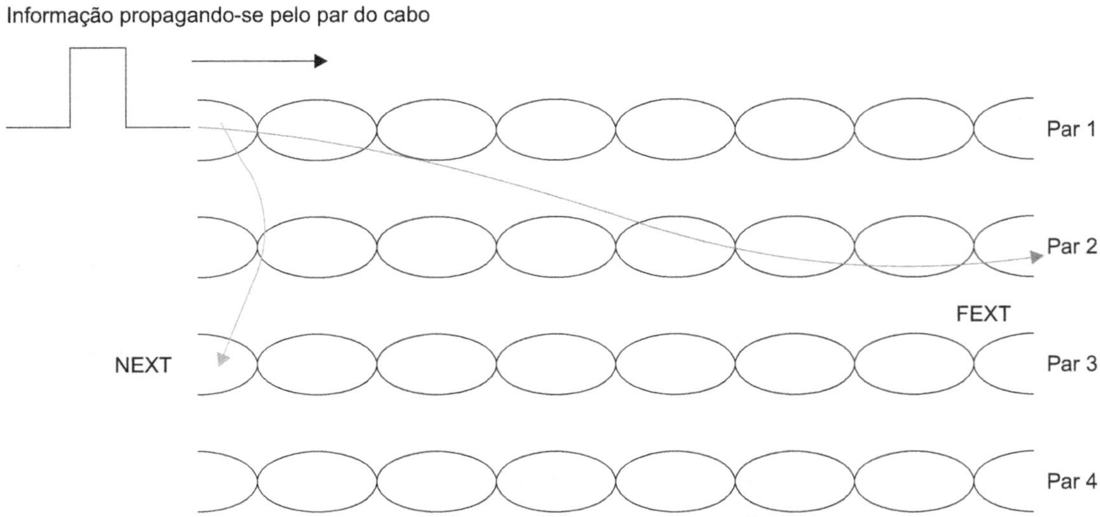

Figura 6.3 - Interferência por diafonia em cabos de pares trançados.

Quando a diafonia é medida na extremidade do canal na qual se encontra a fonte de ruído, ela é referida como paradiafonia (NEXT) e, quando ela é medida na extremidade do canal, oposta àquela onde se encontra a fonte de ruído ela é denominada telediafonia (FEXT).

Os prefixos *para* (próximo) e *tele* (distante), que antecedem a palavra diafonia, servem para identificar a referência para a medição da interferência por diafonia. Portanto, telediafonia é a interferência medida na extremidade mais distante daquela na qual o sinal aplicado gera o ruído e paradiafonia é a interferência medida na mesma extremidade onde é aplicado o sinal que gera ruído. As interferências por diafonia (NEXT e FEXT) fazem parte dos testes de certificação do cabeamento balanceado.

Há duas metodologias para os testes de diafonia: par a par e *powersum*. Os testes de NEXT e FEXT par a par, como o próprio nome sugere, são feitos entre pares individualmente. Por exemplo, um sinal de teste é aplicado ao par 1 do cabo e a interferência causada por ele é medida em cada par ocioso (que não tem sinal aplicado). No ciclo seguinte, o sinal de teste é aplicado ao par 2 e a interferência causada por ele é medida em cada um dos pares ociosos. Na sequência, o sinal de teste é aplicado ao par 3 e a interferência causada por ele é medida em cada um dos pares ociosos e assim por diante, conforme mostra a Figura 6.4.

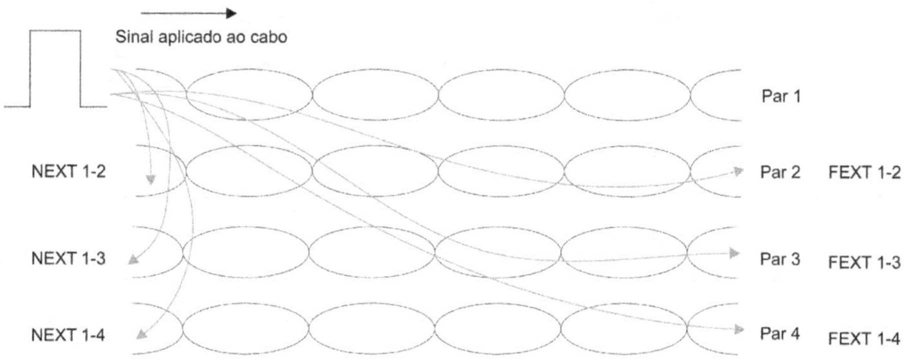

(a) Sinal de teste aplicado ao par 1, interferência medida nos outros pares.

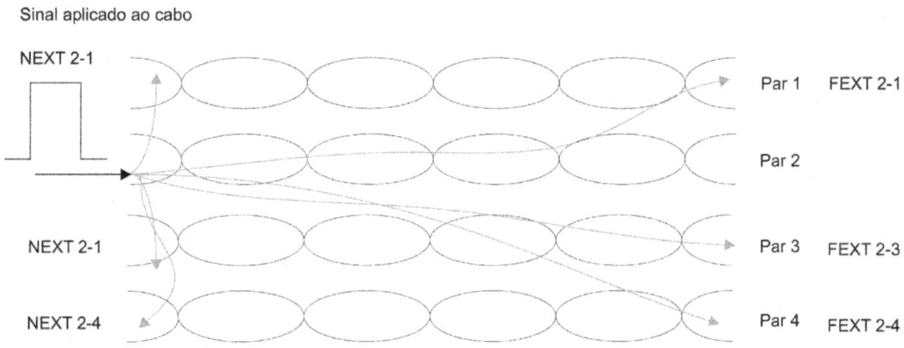

(b) Sinal de teste aplicado do par 2, interferência medida nos outros pares.

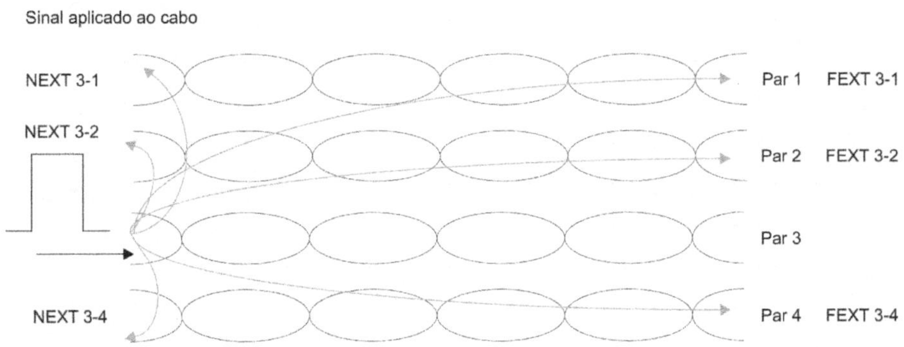

(c) Sinal de teste aplicado ao par 3, interferência medida nos outros pares.

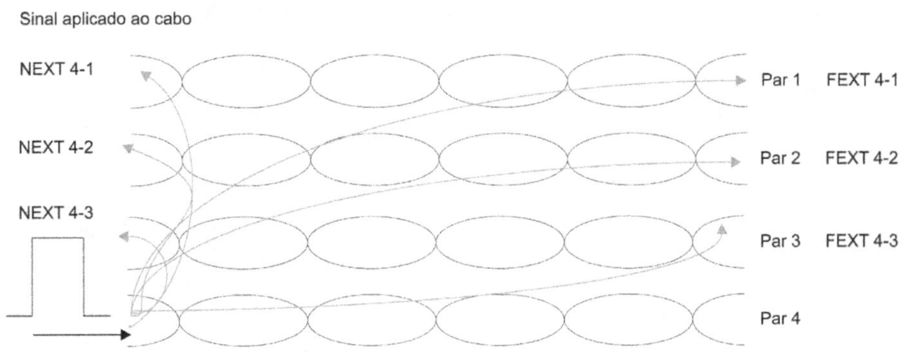

(d) Sinal de teste aplicado ao par 4, interferência medida nos outros pares.

Figura 6.4 - Metodologia de teste de NEXT e FEXT par a par.

O teste de *powersum* (PS), ou soma de potências de ruído, é feito de outra forma. Nessa metodologia, sinais de testes são aplicados em três pares do cabo, e a soma das interferências é medida no par ocioso, como mostra a Figura 6.5.

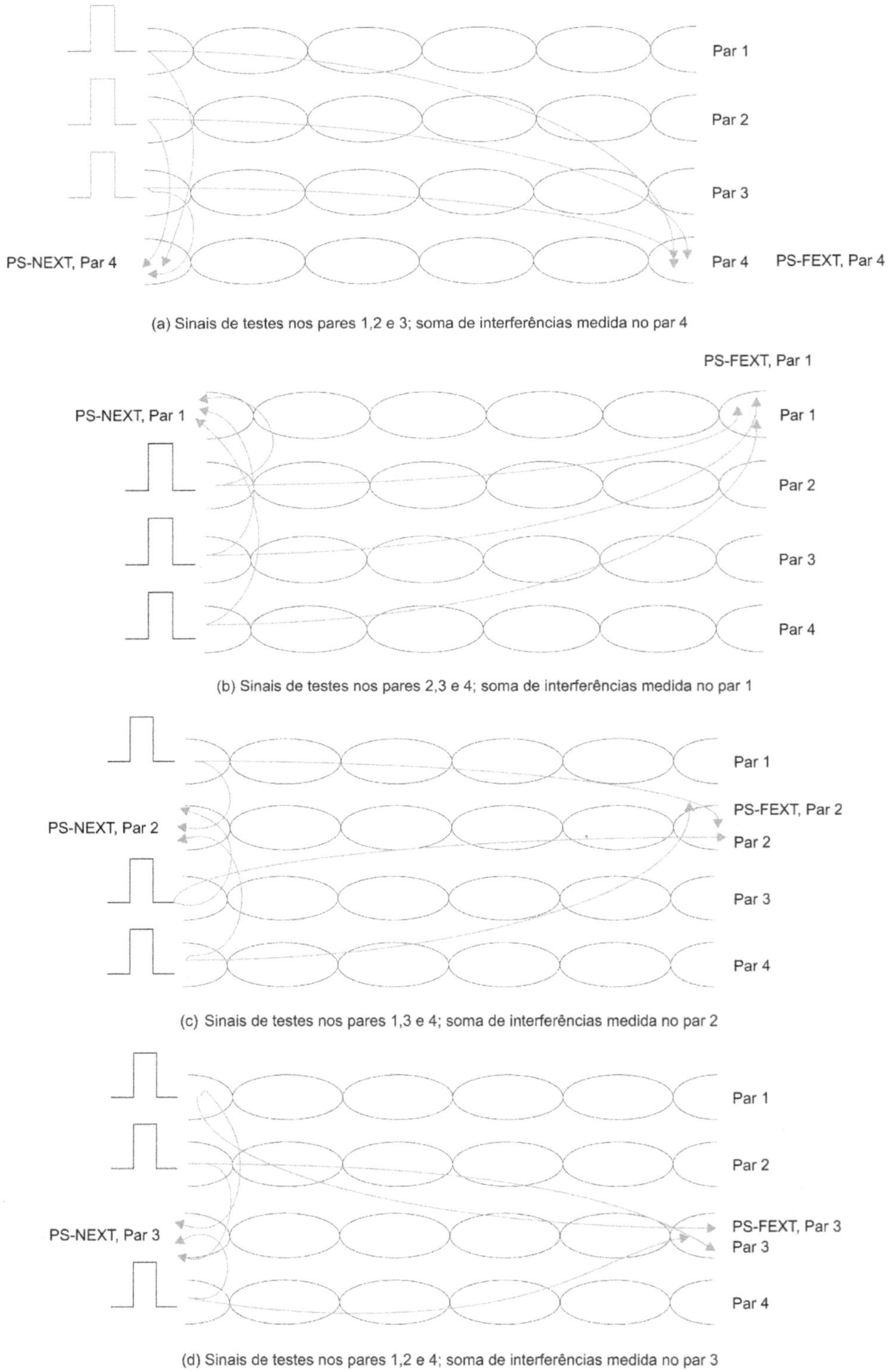

(a) Sinais de testes nos pares 1,2 e 3; soma de interferências medida no par 4

(b) Sinais de testes nos pares 2,3 e 4; soma de interferências medida no par 1

(c) Sinais de testes nos pares 1,3 e 4; soma de interferências medida no par 2

(d) Sinais de testes nos pares 1,2 e 4; soma de interferências medida no par 3

Figura 6.5 - Metodologia de teste de *powersum* (PS) para NEXT e FEXT.

Os testes de diafonia (NEXT e FEXT), independentemente da metodolgia empregada têm como objetivo verificar os níveis de interferências entre os pares dentro dos cabos balanceados. O equipamento de teste de certificação executa todas as medições especificadas pela norma utilizada como referência para a certificação do cabeamento instalado. Assim, não é responsabilidade do técnico a determinação dos testes que serão realizados.

FIQUE DE OLHO!

Quando vários segmentos de cabos estão muito próximos, o que ocorre na distribuição do cabeamento pelas eletrocalhas no edifício, um sinal que é transmitido por um par de um cabo pode causar uma interferência sobre um sinal transmitido por um par de outro cabo vizinho. Este tipo de interferência é conhecido como *alien crosstalk* e é um efeito importante em sistemas de cabeamento sem blindagem para aplicações 10 *Gigabit Ethernet*.

Para uma avaliação mais eficiente do cabeamento estruturado instalado, os parâmetros relação atenuação diafonia na extremidade próxima (ACRN) e relação atenuação diafonia na extremidade distante (ACRF) são também verificados na certificação do cabeamento. Não vamos entrar em detalhes sobre esses parâmetros, mas é importante entender que se tratam de testes que avaliam o desempenho do cabeamento, levando em consideração a atenuação do cabo e sua relação com os efeitos de interferência por diafonia. De forma simples, sabemos que tanto a atenuação quanto a diafonia pioram as condições do cabeamento para a transmissão de sinais. Assim, a medição do ACRN e ACRF serve para garantir que, mesmo sob condições que degradam a qualidade do canal, ele atende às especificações das normas técnicas.

O parâmetro perda de retorno, que também é verificado nos testes de certificação do cabeamento, mede as reflexões de sinais que se propagam pelos pares do cabo balanceado.

Quando fazemos as terminações dos cabos nos *patch panels* e nas tomadas, nós causamos uma descontinuidade no canal, ou seja, o canal que era formado por condutores "puros", agora tem conectores e tomadas conectadas a ele. Tecnicamente, isso se chama descasamento de impedâncias e acontece em todas as conexões.

Então, o que significa o descasamento de impedâncias na prática e o que isso tem a ver com a perda de retorno? De forma simples, podemos entender o descasamento de impedâncias como uma lombada na rua. Sem a lombada, os veículos passam pela rua sem qualquer obstáculo que os obrigue a reduzir a velocidade, como um segmento de cabo sem conectores. Na presença da lombada, os veículos são obrigados a reduzir a velocidade e, portanto, têm uma perda de desempenho em seu deslocamento pela rua; isso é o descasamento de impedâncias. Esse descasamento de impedâncias gera reflexões de sinais de volta para o transmissor e a consequente perda de potência do sinal que continua se propagando pelo cabo até o receptor. A Figura 6.6 mostra o efeito da perda de retorno.

A perda de retorno também é medida em um teste de certificação do cabeamento instalado, conforme especificado pelas normas.

O atraso de propagação, que é o tempo que o sinal leva para percorrer o cabo entre um transmissor e um receptor, também é um parâmetro que faz parte dos testes de certificação do cabeamento.

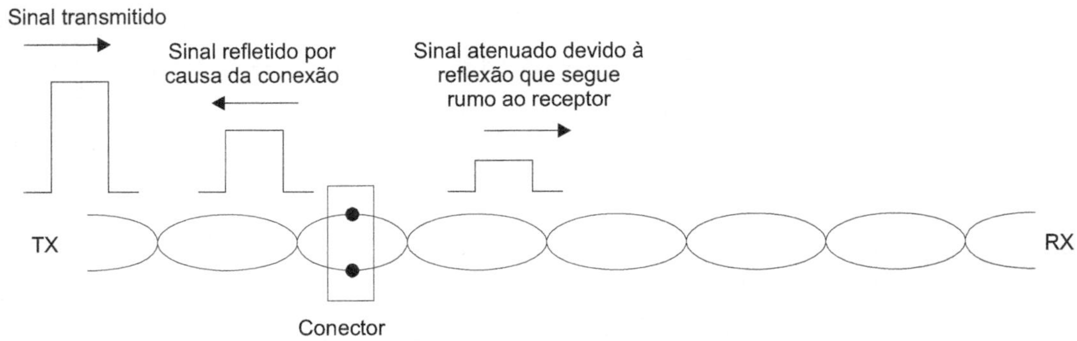

Figura 6.6 - Perda de retorno.

Além do atraso de propagação, o desvio de atraso de propagação também deve ser medido. Esse desvio expressa a diferença em tempo entre os atrasos de propagação dos pares mais rápido e mais lento em um cabo balanceado de quatro pares, conforme mostra a Figura 6.7.

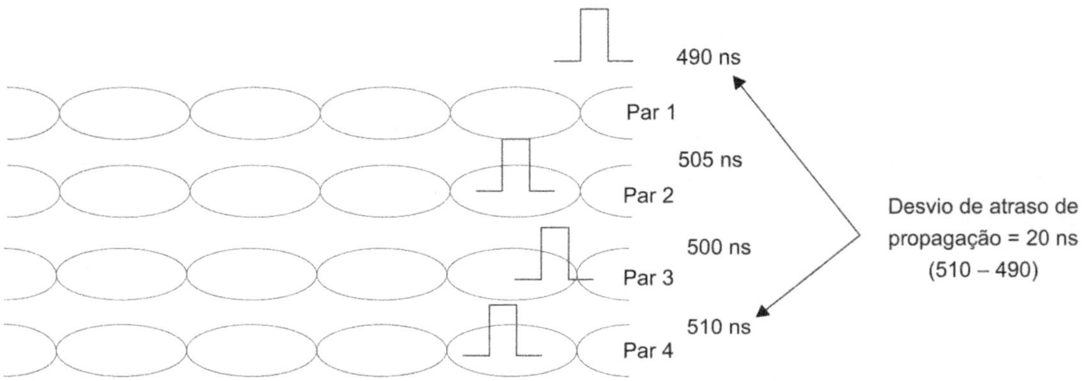

Figura 6.7 - Atraso de propagação e desvio de atraso de propagação.

A avaliação do desvio de atraso de propagação em sistemas de cabeamento estruturado é importante devido às aplicações *full-duplex* que utilizam os quatro pares dos cabos balanceados para transmitir e receber informações. Nesse caso, as informações são divididas em quatro "pacotes" diferentes que precisam ser recebidos dentro de um intervalo de tempo predeterminado (conhecido como *time out*) pela interface do equipamento ativo e pelo protocolo da aplicação.

6.1.2 Testes de campo

As normas de cabeamento definem duas configurações para os testes de certificação que são enlace permanente e canal. O enlace permanente considera as partes fixas (permanentes) do cabeamento.

Em um subsistema de cabeamento horizontal, o enlace permanente é considerado entre o *patch panel* do distribuidor de piso e a tomada de telecomunicações da área de trabalho, conforme mostra a Figura 6.8.

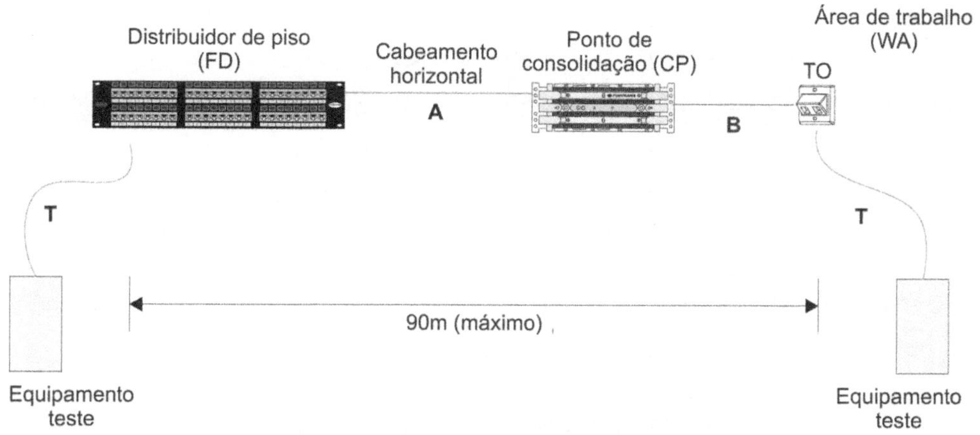

Cabos e cordões		Componentes de conexão		Comprimento Máximo
Cordão de Teste	T	Distribuidor de piso	FD	
Cabo horizontal	A	Ponto de consolidação	CP	A + B = 90 m (máx.)
Cabo do CP	B	Tomada de telecomunicações	TO	

Figura 6.8 - Modelo de teste de enlace permanente.

O enlace permanente, que tem um comprimento máximo permitido de 90 m, não inclui os cordões dos equipamentos de testes. Na configuração de enlace permanente pode existir um ponto de consolidação (CP) entre o distribuidor de piso e a tomada de telecomunicações da área de trabalho.

A configuração de canal, mostrada na Figura 6.9, leva em consideração todos os cordões presentes no cabeamento.

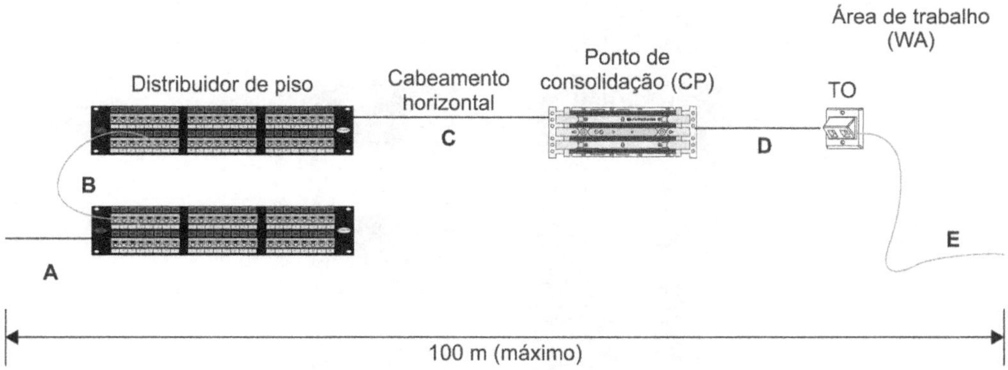

Cabos e cordões		Componentes de conexão		Comprimentos Máximos
Cordão de equipamento	A	Distribuidor de piso	FD	
Patch cord	B	Ponto de consolidação	CP	C + D = 90 m (máx.)
Cabo horizontal	C			A + B + E = 10 m (máx.)
Cabo do CP (opcional)	D	Tomada de telecomunicações	TO	
Cordão do usuário	E			

Figura 6.9 - Modelo de teste de canal.

No exemplo da Figura 6.9 vemos que um canal completo pode ter no máximo quatro conexões: uma em cada *patch panel* do distribuidor de piso, uma no ponto de consolidação e uma na tomada de telecomunicações. Note que a conexão cruzada pode fazer parte do modelo canal, o que na prática é pouco comum.

O comprimento máximo do canal é de 100 m (incluindo todos os *patch cords* presentes) e tanto a conexão cruzada no distribuidor de piso, quanto o ponto de consolidação são opcionais nesse modelo de teste do cabeamento.

A Figura 6.10 mostra exemplos de equipamentos de testes de certificação do cabeamento balanceado disponíveis no mercado.

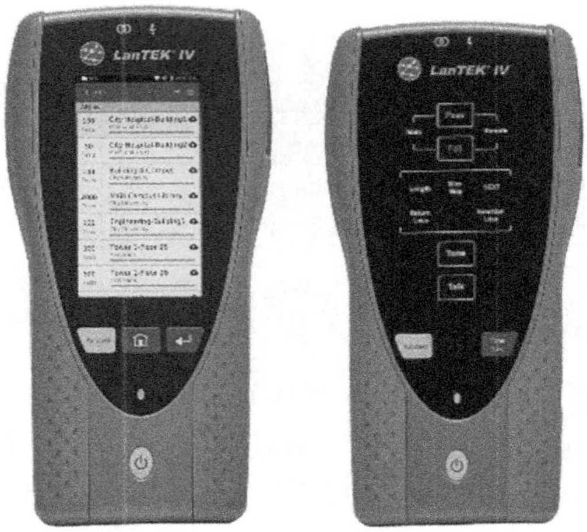

GENTILMENTE CEDIDO POR IDEAL INDUSTRIES

(a)

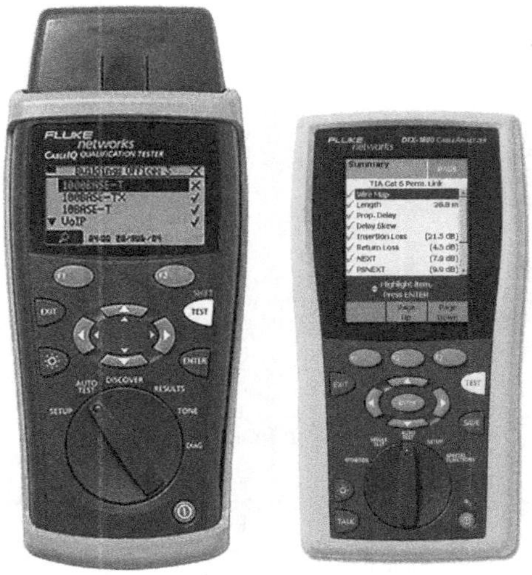

GENTILMENTE CEDIDO POR FLUKE NETWORKS

(b)

Figura 6.10 - Exemplos de equipamentos de testes de certificação de campo disponíveis no mercado.

É importante que o técnico siga os seguintes procedimentos de testes para a certificação do cabeamento instalado:

a. **Verificação do *software* do equipamento de teste**

Os equipamentos de testes de campo devem ter a última versão do *firmware* e do *software* de biblioteca de normas e configurações de testes instalada. Assim é possível fornecer parâmetros e valores de testes mais precisos e atuais de acordo com normas aplicáveis e usadas para a realização dos testes.

b. **Uso adequado**

Os requisitos, bem como as recomendações para precauções e procedimentos relacionados a conexões, configurações de teste e medição especificadas nos manuais dos fornecedores dos equipamentos de testes de campo, devem ser observados.

c. **Calibração de fábrica**

Recomenda-se que os equipamentos de testes de campo sejam calibrados pelo fabricante de acordo com suas especificações e uma vez por ano.

d. **Opções de testes**

As configurações de testes selecionadas a partir das opções disponíveis nos equipamentos de testes de campo devem ser compatíveis com o cabeamento instalado sob teste. Por exemplo, se o teste incluir os *patch cords*, a opção a ser usada é a de modelo de canal.

e. **Cordões e adaptadores**

Os cordões de testes de pares trançados utilizados para a certificação do modelo de enlace permanente devem ser fornecidos pelo fabricante do equipamento de teste. Os cordões de testes utilizados na certificação de um canal devem ser iguais aos que serão usados na instalação.

6.2 Testes de verificação do cabeamento óptico

Os enlaces ópticos devem ser testados para verificação de que a instalação está de acordo com as especificações do projeto.

Os testes que fazemos nos enlaces ópticos não são chamados de certificação, como no caso do cabeamento balanceado. Nós vimos que o termo certificação se refere à comparação dos resultados obtidos nos testes com um padrão predeterminado por uma norma técnica.

No caso dos enlaces ópticos, o que fazemos é a determinação da atenuação esperada com base nas características da instalação, tipo de fibra utilizada, quantidade de emendas e acopladores.

Os testes de instalações com fibras ópticas em sistemas de cabeamento estruturado são bastante simples. Apenas dois parâmetros devem ser verificados: comprimento e atenuação.

O comprimento de um enlace óptico é um parâmetro físico e importante, pois disso depende o desempenho de uma aplicação.

Portanto, o comprimento de um enlace óptico é um parâmetro que deve ser verificado durante o teste de campo e pode ser medido ou calculado. A medição é feita normalmente por um equipamento conhecido como OTDR, que injeta um sinal luminoso de teste no núcleo da fibra e mede seu comprimento por meio da reflexão desse sinal de volta ao OTDR. Esse é o princípio da reflectometria no domínio do tempo, neste caso, reflectometria óptica.

A reflectometria no domínio do tempo é a mesma técnica usada para a medição do comprimento de um segmento de cabo metálico empregada pelos certificadores de campo para cabeamento em cobre. Os OTDRs são em geral equipamentos de alto custo e sofisticados. Normalmente, não são necessários para testes de campo do cabeamento instalado em sistemas de cabeamento estruturado em que os segmentos de cabos ópticos são relativamente curtos (dezenas ou centenas de metros). Na verdade, para a medição da atenuação de um enlace óptico, esses equipamentos não são muito úteis. Quando se necessita localizar um ponto de falha em um enlace óptico longo, os OTDRs são de grande utilidade e eficiência. Por isso são largamente utilizados em instalações e reparos de enlaces ópticos metropolitanos, com dezenas de quilômetros de comprimento.

Há alguns equipamentos de testes mais simples disponíveis no mercado, capazes de medir o comprimento de enlaces ópticos, porém não são muito comuns. O instalador pode reportar o comprimento de um enlace óptico por meio das marcas sequenciais presentes nas capas dos cabos, normalmente em intervalos de um metro. Por meio da subtração das marcas sequenciais de ambas as extremidades de um enlace óptico, o instalador pode determinar de forma simples e barata o comprimento total do enlace. Recomenda-se, nesses casos, que ambas as marcas de cada extremidade do cabo sejam anotadas no relatório de teste de campo.

Para a medição da atenuação óptica, o método mais comum é o que emprega um *jumper* de referência. Esse método é reconhecido pela série de normas ANSI/TIA-568 e é especificado pela norma ANSI/TIA-526-14A, método B. É o método mais simples e bem eficiente para a medição da atenuação de enlaces ópticos em campo.

Vamos considerar o enlace óptico sob teste, conforme mostrado na Figura 6.11.

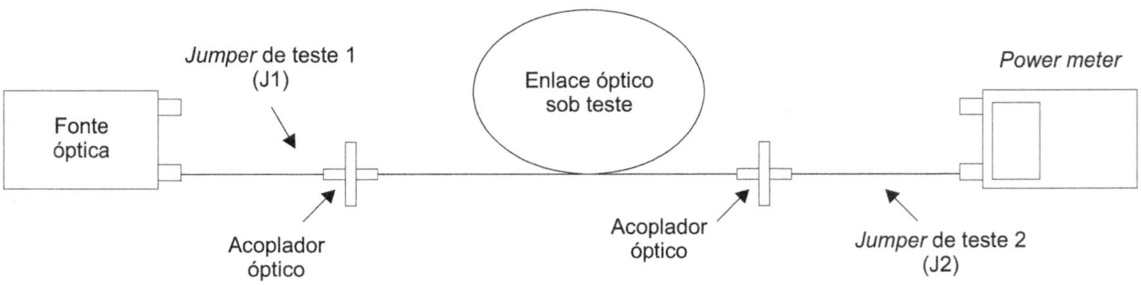

Figura 6.11 - Modelo de teste para a medição de atenuação óptica.

Para a realização do teste de atenuação usando o método de um *jumper* de referência, o *jumper* de teste 1 (J1) deve ser conectado entre a fonte de luz e o *power meter*. Exemplos de *power meter* e fonte de luz são mostrados na Figura 6.12.

(a) Fabricante: EXFO

(b) Fabricante: NOYES

Figura 6.12 - Exemplos de *power meter* e fonte de luz utilizados para a medição de atenuação em fibras ópticas.

Os dois dispositivos devem ser ligados e o comprimento de onda apropriado deve também ser igualmente selecionado em ambos os equipamentos (850 nm ou 1300 nm). O valor lido no *display* do *power meter* é a referência de teste, como mostra a Figura 6.13.

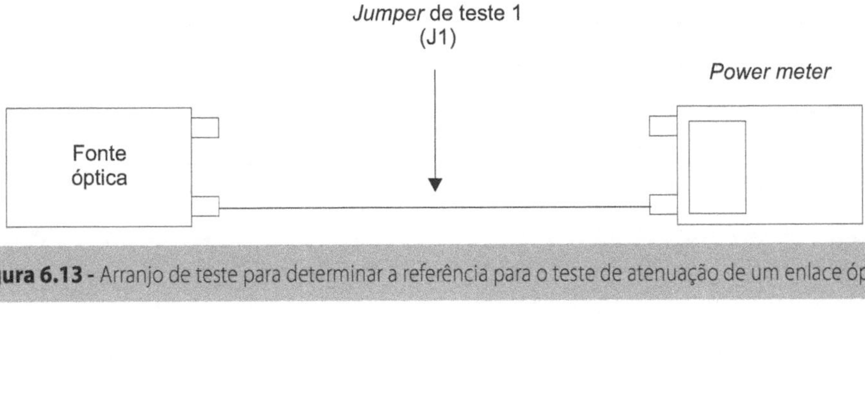

Figura 6.13 - Arranjo de teste para determinar a referência para o teste de atenuação de um enlace óptico.

Com a referência determinada, o *jumper* de teste 1 pode ser desconectado dos equipamentos de testes e conectado a uma das extremidades do enlace a ser testado; o *jumper* de teste 2, apesar de não ser utilizado para a obtenção da referência de teste, deve ser conectado à outra extremidade do enlace e a potência medida deve ser anotada e guardada.

A atenuação do enlace é obtida pela subtração do valor de referência do valor da potência lida no *display* do *power meter*. Por exemplo, se a referência é -20,6 dBm e o valor medido para o enlace em teste é -24,2 dBm, a atenuação do enlace será 3,6 dBm. A atenuação obtida por esse método representa a atenuação total do enlace em teste, ou seja, o cabo de distribuição e os acopladores ópticos em ambas as extremidades do enlace.

O teste de atenuação óptica com base no método B da norma ANSI/TIA-526-14A se aplica a enlaces ópticos com fibras multimodo, que é tipo de fibra óptica mais comum em sistemas de cabeamento estruturado.

Como devemos proceder para fazer um teste de enlace óptico?

Antes de fazermos a medição da atenuação de um enlace óptico, precisamos saber qual é a atenuação esperada, para então realizarmos os testes e confirmarmos se o enlace está de acordo com as especificações do projeto. Para isso, fazemos o "balanço de perda de potência óptica", conforme descrito a seguir:

$$A_{TOTAL} = A_{emendas} + A_{acopladores} + A_{cabo} \text{ (dB)} \qquad \text{(Equação 6.1)}$$

Em que:

A_{emenda} é a atenuação das emendas presentes no enlace, em dB;

$A_{acopladores}$ é atenuação dos acopladores ópticos presentes no enlace, em dB;

A_{cabo} é a atenuação do segmento de cabo presente no enlace, em dB.

As normas trazem valores de referência para emendas e acopladores ópticos, conforme mostrado na Tabela 6.2.

Tabela 6.2 - Valores de referência de atenuação para emendas e acopladores ópticos

Componente/elemento	Atenuação (dB)
Emenda óptica	0,3 dB máxima
Acoplador óptico	0,75 dB máxima

É importante explicar que as normas especificam os valores máximos permitidos para emendas e acopladores em um enlace óptico. No entanto, esses valores são bem inferiores na prática para a maioria dos componentes. No exemplo a seguir utilizaremos dados de componentes reais.

A atenuação dos cabos deve ser determinada com base no que chamamos de coeficiente de atenuação, conforme mostrado na Tabela 6.3.

Tabela 6.3 - Coeficientes de atenuação para cabos ópticos multimodo

Tipo de cabo óptico	Comprimento de onda (nm)	Coeficiente de atenuação (dB/km)
50/125 µm multimodo	850	3,5
	1300	1,5
62,5/125 µm multimodo	850	3,5
	1300	1,5

O coeficiente de atenuação nos informa qual é a atenuação de uma fibra óptica para um comprimento de 1 km.

FIQUE DE OLHO!

As fibras ópticas monomodo apresentam atenuações inferiores que as fibras multimodo. As fibras monomodo permitem que distâncias maiores sejam atingidas e os cabos ópticos de uso externo têm atenuação menor que os de uso interno.

Assim como os cabos balanceados são especificados em termos da largura de banda (100 MHz, 250 MHz, 500 MHz etc.), os cabos ópticos multimodo são especificados com base no comprimento de onda que será utilizado para a transmissão. Esses cabos operam em dois comprimentos de onda: 850 nm e 1300 nm (nanometros). O comprimento de onda que será utilizado tem relação com a aplicação a ser implementada no enlace óptico.

Há duas informações importantes que o técnico deve observar:

- a atenuação dos cabos ópticos é dada em dB/km, portanto, a atenuação de um enlace óptico será em geral baixa;
- a atenuação varia de acordo com o comprimento de onda utilizado para a transmissão, o que implica a realização de testes de atenuação nos dois comprimentos de onda, 850 e 1300 nm.

Para aprender a projetar e como calcular a atenuação de um enlace óptico, vamos ver um exemplo?

EXEMPLO

Considere o enlace óptico mostrado na Figura 6.14:

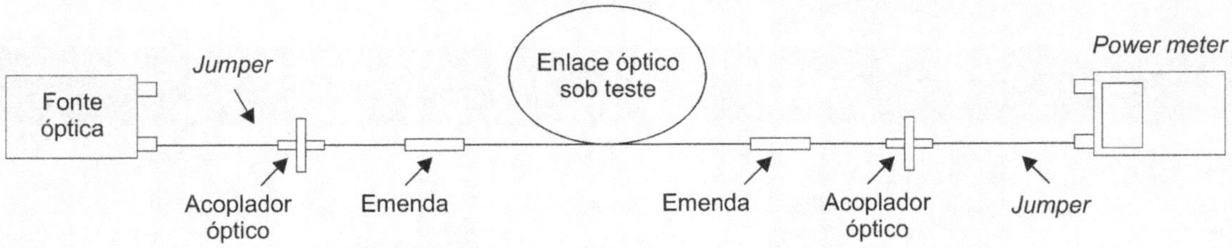

Figura 6.14 - Enlace óptico em teste.

Sabemos que esse enlace é para um *backbone* de *campus* que deverá conectar dois edifícios e o comprimento de cabo entre eles é de 260 m. O cliente quer usar inicialmente a aplicação *Gigabit Ethernet* (1000 BASE-LX) com capacidade para chegar a 10 *Gigabit Ethernet* (10 GBASE-S), no futuro.

O primeiro passo é conhecermos as especificações das aplicações para as quais precisamos projetar o enlace óptico. A Tabela 6.4 traz essas informações.

Tabela 6.4 - Especificações técnicas das aplicações do nosso exemplo

Aplicação	Comprimento de onda (nm)	Tipo de fibra óptica	Comprimento máximo do enlace (m)	Atenuação máxima (dB)
1000 BASE-LX	1300	Multimodo OM3	500	2,6
10 GBASE-S	850	Multimodo OM3	300	2,15

Agora que temos as especificações técnicas das aplicações do *backbone* de *campus* e sabemos que o comprimento é de 260 m, precisamos conhecer as especificações dos componentes.

Nesse projeto, será utilizado o padrão de conexão LC (ver Figura 2.21 no Capítulo 2), cujos acoplamentos têm uma atenuação de 0,25 dB, bem inferior aos 0,75 $dB_{máx}$, especificado pelas normas.

Como em nosso projeto a emenda óptica será feita pelo método de fusão, vamos considerar uma atenuação de 0,05 dB por emenda. Note que na prática, esse valor costuma ser bem inferior (da ordem de 0,01 dB) e o valor máximo especificado pelas normas é de 0,3 dB por emenda (extremamente alto e fora da realidade).

A atenuação do cabo deve ser calculada com base em seu coeficiente de atenuação (Tabela 6.3) para ambos os comprimentos de onda, 850 nm e 1300 nm. Assim, a atenuação de 260 m de cabo óptico multimodo em 850 nm será:

$$A\ Cabo_{850\ nm} = 260 \cdot (3{,}5\ /1000) = 0{,}91\ dB \qquad \text{(Equação 6.2)}$$

A atenuação de 260 m de cabo óptico multimodo em 1300 nm será:

$$A\ Cabo_{1300\ nm} = 260 \cdot (1{,}5\ /1000) = 0{,}39\ dB \qquad \text{(Equação 6.3)}$$

A fibra óptica que vamos usar é do tipo multimodo otimizada para transmissão *laser* (OM3).

EXEMPLO

Agora temos as características do enlace óptico do nosso projeto, conforme mostra a Figura 6.15.

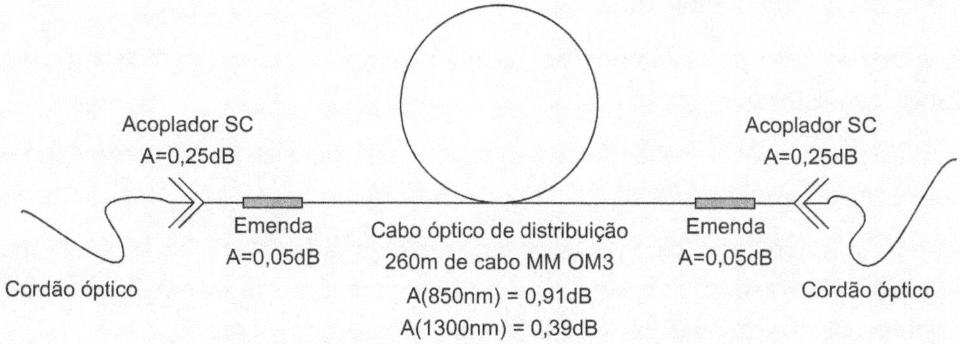

Figura 6.15 - Enlace óptico com componentes e atenuações.

Com todas as informações em mãos, podemos agora determinar a atenuação esperada do nosso *backbone* óptico. Assim, teremos os seguintes valores:

Em 850 nm:

$$A_{enlace} = A_{emendas} + A_{acopladores} + A_{cabo}$$
$$A_{enlace} = 2 \cdot (0{,}05) + 2 \cdot (0{,}25) + 0{,}91$$
$$A_{enlace} = 0{,}1 + 0{,}5 + 0{,}91$$
$$A_{enlace} = 1{,}51 \text{ dB} \qquad \text{(Equação 6.4)}$$

Em 1300 nm:

$$A_{enlace} = A_{emendas} + A_{acopladores} + A_{cabo}$$
$$A_{enlace} = 2 \cdot (0{,}05) + 2 \cdot (0{,}25) + 0{,}39$$
$$A_{enlace} = 0{,}1 + 0{,}5 + 0{,}39$$
$$A_{enlace} = 0{,}99 \text{ dB} \qquad \text{(Equação 6.5)}$$

Agora que conhecemos os valores de atenuação esperados, podemos fazer o teste com um *power meter* e fonte de luz para confirmar que o enlace atende aos requisitos de projeto para o *backbone* óptico do nosso exemplo.

Os valores de atenuação que encontramos em nossos cálculos estão abaixo dos valores especificados pelas aplicações que serão implementadas no enlace óptico (Tabela 6.4).

VAMOS RECAPITULAR?

Neste capítulo foram estudados os parâmetros de testes do cabeamento balanceado e óptico. Aprendemos que os testes do cabeamento balanceado são chamados de "testes de certificação" e há dois modelos de testes que podemos utilizar: enlace permanente e canal. Os testes ópticos devem ser feitos com base no balanço de perda de potência óptica, que deve ser determinado pelo instalador com base nas especificações do enlace a ser medido.

AGORA É COM VOCÊ!

1. Qual é a técnica empregada pelos equipamentos de certificação de cabeamento balanceado para a medição do comprimento do enlace ou canal? Explique.
2. O que é o *alien crosstalk* e por que é um parâmetro crítico em cabeamento estruturado com cabos balanceados? Explique.
3. Quais são os modelos de testes do cabeamento metálico? Quais são as configurações possíveis de teste de canal de um *backbone*?
4. Sabemos que o método B (de um *jumper* de referência) da ANSI/TIA-526-14A é o mais recomendado para testes de enlaces ópticos com *power meter* e fonte de luz em cabeamento estruturado. Explique quais são os métodos A e C e por que o método B é o preferido?
5. Qual é a norma utilizada como referência para testes de enlaces ópticos monomodo? Que método se aplica ao cabeamento estruturado?
6. Considere um enlace óptico de *backbone* de *campus* com as seguintes características:
   a. Comprimento total = 350 m.
   b. Aplicação a ser implementada: 1000 BASE-SX, que opera em 850 nm e tem um alcance máximo de 500 m com atenuação máxima de 4,0 dB.
   c. O enlace tem duas emendas por fusão e dois acopladores tipo SC.

   Determine a atenuação máxima do enlace óptico e os limites de atenuação com base no balanço de perda de potência óptica.

7

NOÇÕES DE INTERFERÊNCIA EM CABEAMENTO ESTRUTURADO

PARA COMEÇAR

O objetivo deste capítulo é discutir os mecanismos de interferência entre circuitos aplicados ao cabeamento estruturado. Vamos aprender como a interferência eletromagnética é gerada e o conceito de compatibilidade eletromagnética, que garante que equipamentos e sistemas elétricos convivam no mesmo ambiente sem que a operação de um cause falhas na operação do outro. Estudaremos os principais métodos empregados em sistemas de cabeamento estruturado para minimizar os efeitos da interferência eletromagnética que incluem, basicamente, blindagem e aterramento.

7.1 Interferência entre circuitos

Os mecanismos de interferência entre circuitos elétricos quaisquer também se aplicam à interferência entre cabos. Quando um cabo é exposto a campos elétricos e magnéticos, correntes e tensões são induzidas em seus condutores e podem causar falhas na transmissão dos sinais que se propagam por eles devido à introdução de ruído. O ruído acoplado ao canal em um sistema de cabeamento estruturado pode ter potência suficiente para degradar a qualidade de uma comunicação de voz ou para gerar erros em transmissões de dados.

A maior preocupação em sistemas de cabeamento estruturado é o acoplamento entre cabos elétricos e os cabos balanceados que pode acontecer devido ao acoplamento condutivo, capacitivo, indutivo ou combinações entre eles.

De forma bem simples, podemos entender o acoplamento condutivo como aquele que conecta dois circuitos (ou canais) por um condutor comum a ambos, o condutor terra, por exemplo. Nesses casos, um ruído pode passar de um circuito (ou canal) a outro pela terra. A Figura 7.1 mostra esse tipo de acoplamento de ruído.

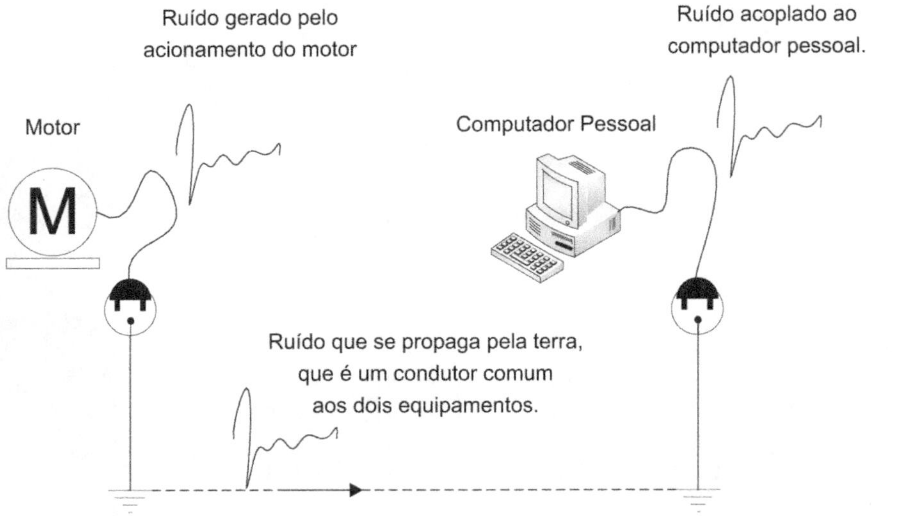

Figura 7.1 - Exemplo de acoplamento condutivo entre circuitos.

Um exemplo prático desse tipo de acoplamento que pode ser notado em casa é quando estamos assistindo à televisão e um liquidificador ou aspirador de pó é utilizado, provocando um "chuvisco" na imagem da TV. Como em uma transmissão balanceada a terra não é um condutor, esse tipo de interferência é menos comum em cabeamento estruturado.

Os acoplamentos indutivo e capacitivo representam a interferência eletromagnética de fato. Esses acoplamentos acontecem por causa dos campos magnético (H) e elétrico (E). O acoplamento indutivo ocorre devido ao campo magnético e o capacitivo ao campo elétrico. Não vamos entrar em detalhes na discussão de como eles ocorrem, mas o importante é que o técnico entenda que esses mecanismos podem induzir ruído em cabos e outros circuitos, conforme mostrado na Figura 7.2.

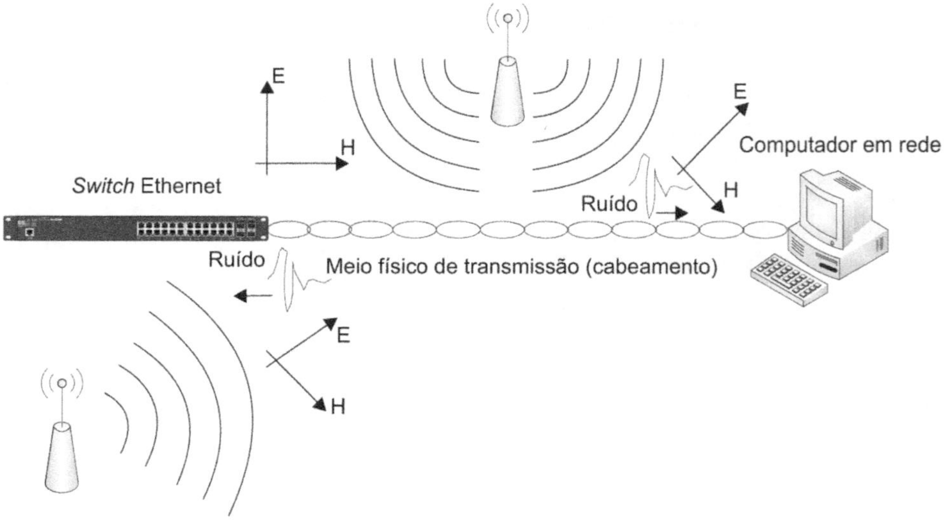

Figura 7.2 - Interferência por campos magnético e elétrico.

O cenário apresentado na Figura 7.2 é um bom exemplo de interferência eletromagnética causada pela presença de antenas, bem como outras fontes que emitem campos elétrico e magnético. Os cabos balanceados sem blindagem não apresentam proteção contra esse tipo de interferência.

Como mencionado antes, não é nosso objetivo neste capítulo detalhar os mecanismos de interferência eletromagnética e, sim, alertar ao técnico que a interferência existe e pode afetar a transmissão de sinais no cabeamento estruturado.

Na verdade, todos os equipamentos, cabos e circuitos, emitem e sofrem os efeitos da emissão de ruídos em suas proximidades. O que ocorre é que nem sempre esses ruídos causam danos a eles. Isso é devido à compatibilidade eletromagnética (EMC), que pode ser entendida como a habilidade de um equipamento eletroeletrônico ou sistema operar de forma adequada junto com outros equipamentos de mesmo tipo ou natureza em um mesmo ambiente, dentro de níveis de eficiência definidos em projetos.

A EMC pode ser definida como a habilidade de um componente ou sistema estar apto a suportar ou não ser afetado por dispositivos que geram interferência eletromagnética (EMI) presentes em suas proximidades. A compatibilidade eletromagnética está relacionada à imunidade e à interferência eletromagnética dentro de certos limites.

A compatibilidade eletromagnética (EMC) leva em conta dois elementos fundamentais: dois ou mais sistemas que causam e sofrem interferência eletromagnética e que operam em um mesmo ambiente, porém sem que suas operações sejam afetadas de forma negativa, conforme mostra a Figura 7.3.

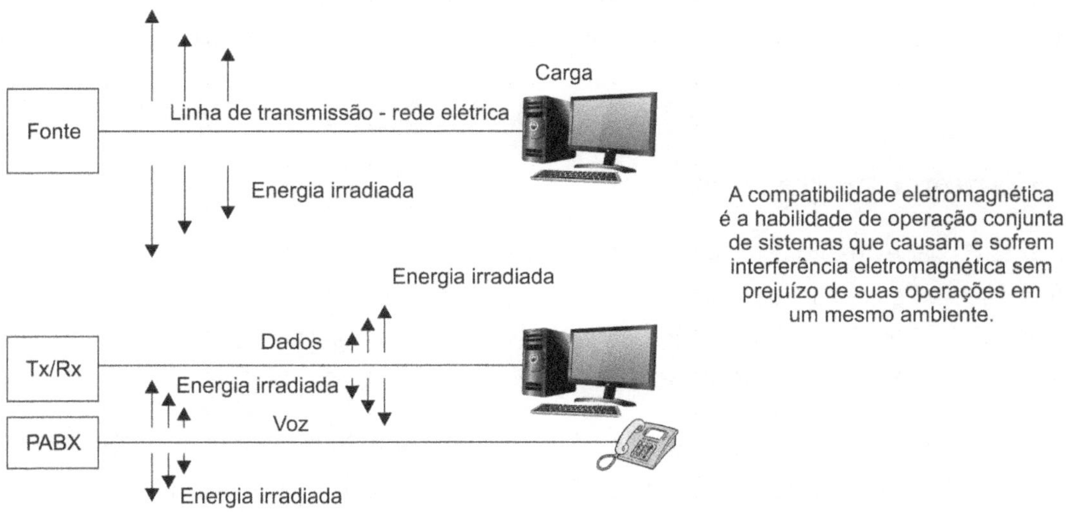

Figura 7.3 - Elementos da compatibilidade eletromagnética.

Para que sejam realmente compatíveis, os elementos ou componentes de um sistema não podem ser afetados e não podem afetar outros dispositivos do sistema. Caso isso ocorra, a operação de quaisquer dos sistemas não pode ser prejudicada ou inviabilizada devido à interferência eletromagnética gerada. Pode parecer simples, porém atingir esse objetivo pode ser relativamente difícil ou complicado.

Todos os dispositivos operados eletricamente ou eletronicamente que propagam corrente elétrica produzem campos elétrico e magnético, ou seja, todos aqueles existentes em qualquer ambiente (doméstico, comercial, industrial etc.). A interferência eletromagnética é composta pelo campo elétrico que existe quando a tensão elétrica está presente e o campo magnético que existe quando há circulação de corrente elétrica em um circuito.

Ambos os campos elétrico e magnético determinam o nível e o tipo de interferência eletromagnética presente em um sistema.

As formas mais simples e básicas para lidar com os campos elétrico e magnético indesejáveis são mostradas na Tabela 7.1.

Tabela 7.1 - Campos elétrico e magnético e seus efeitos característicos

Elemento	Efeitos característicos
Campo elétrico	O campo elétrico faz com que as correntes fluam pela superfície dos sistemas ou circuitos interferidos. Essas correntes podem ser imediatamente bloqueadas ou conduzidas para a terra por materiais apropriados, bem como por meio de blindagem elétrica.
Campo magnético	É responsável pelo fluxo de correntes através da superfície dos sistemas ou circuitos interferidos. Esses campos magnéticos são normalmente gerados por fontes de baixas frequências e atenuados por materiais ferromagnéticos usados como barreiras em torno dos condutores que propagam as correntes interferentes.
A intensidade de campo de ambos os campos elétrico e magnético diminui à medida que a distância da fonte aumenta. Assim, a separação de circuito interferente e circuito interferido serve para diminuir os efeitos de ambos os campos.	

7.2 Blindagem e aterramento

Os sistemas de cabeamento estruturado, como sabemos, foram desenvolvidos com o propósito de unificar a infraestrutura de cabeamento para os diversos sistemas e serviços de telecomunicações e redes em edifícios comerciais. O meio físico padrão escolhido para a realização dessa técnica desde o princípio é o cabo de pares trançados (cabos balanceados) sem blindagem, de quatro pares.

Assim, tem sido comum encontrarmos cabos U/UTP em praticamente 100% das instalações de cabeamento estruturado. Algumas poucas instalações têm sido feitas com cabos blindados, porém os sistemas sem blindagem predominam.

Há alguns motivos para isso. O primeiro deles talvez seja por não ser necessário o uso de cabos blindados na maioria das instalações; e, para a maioria das aplicações, o custo (sistemas blindados têm um custo significativamente mais alto que os sistemas não blindados) e os fatores culturais, pois simplesmente não nos preocupamos com problemas relativos à interferência eletromagnética até nos depararmos com seus efeitos em uma dada situação.

De qualquer forma, esse é o cenário que se observa na grande maioria das instalações de cabeamento estruturado em todo o mundo. Nos Estados Unidos e em toda a América Latina, os sistemas não blindados predominam. Há vários países da Europa que seguem esse mesmo modelo. Na verdade, são poucos os países que adotam sistemas blindados no cabeamento estruturado de edifícios comerciais.

A preferência por cabos sem blindagem em sistemas de cabeamento estruturado não chega a ser um problema. O problema está em utilizá-lo como meio físico padrão para qualquer situação e em qualquer ambiente sem uma análise prévia de potenciais riscos devido à interferência eletromagnética. Nos Estados Unidos, por exemplo, os sistemas de distribuição de alimentação elétrica dentro dos edifícios são feitos com cabos blindados, o que permite uma menor preocupação com a blindagem dos cabos usados no cabeamento estruturado. Por isso, quase todos os sistemas de cabeamento nos Estados Unidos são feitos com cabos U/UTP.

Com o avanço tecnológico das aplicações de altas velocidades em redes locais, os sistemas blindados passam a ser não somente mais seguros para a implementação de certas aplicações, como necessários. Esse é o caso da aplicação 10 GBASE-T (Ethernet a 10 Gb/s), que apresenta melhor desempenho quando implementada em sistemas Categoria 6A/Classe EA com cabos F/UTP (blindados).

Quais são as formas de redução dos efeitos da interferência em cabeamento estruturado?

Os efeitos da interferência eletromagnética em sistemas de cabeamento metálico podem ser reduzidos pelo uso de balanceamento, filtragem (de ruídos), blindagem e aterramento. O balanceamento é feito pelo trançamento dos pares (conforme estudamos no Capítulo 2) e a filtragem consiste no uso de filtros específicos para eliminar o ruído (os filtros são construídos na eletrônica dos equipamentos ativos). Portanto, não são técnicas de instalação e, sim, de construção dos cabos e equipamentos ativos, respectivamente.

A blindagem e o aterramento são técnicas relacionadas à instalação. O uso de cabos blindados e aterrados de forma correta contribui de forma eficiente para a redução dos efeitos da interferência eletromagnética em cabeamento estruturado.

A blindagem é uma técnica eficiente tanto para reduzir ou prevenir o acoplamento de ruído em um dado sistema que desejamos proteger, quanto minimizar o nível de emissão de um sistema em seu ambiente de operação.

Quando utilizamos cabos blindados no cabeamento estruturado, todos os seus componentes devem ser blindados, tais como *patch panels*, tomadas RJ45 e *patch cords*. A Figura 7.4 mostra um exemplo de *patch panel* blindado.

GENTILMENTE CEDIDO POR FURUKAWA

Figura 7.4 - Exemplo de *patch panel* blindado.

O *patch panel* mostrado na Figura 7.4 é um *patch panel* modular para tomadas RJ45 blindadas, ou seja, é uma placa metálica com as mesmas dimensões de um *patch panel* para instalação em *racks* que recebe tomadas blindadas individuais. Esse tipo de *patch panel* blindado é o mais comumente disponível no mercado. A Figura 7.5 mostra um exemplo de tomada RJ45 blindada modular para uso em *patch panels* modulares e nas áreas de trabalho.

Conforme mencionado antes e especificado pelas normas, os *patch cords* utilizados em cabeamento blindado devem ser também blindados. A Figura 7.6 mostra um detalhe de um *patch cord* blindado.

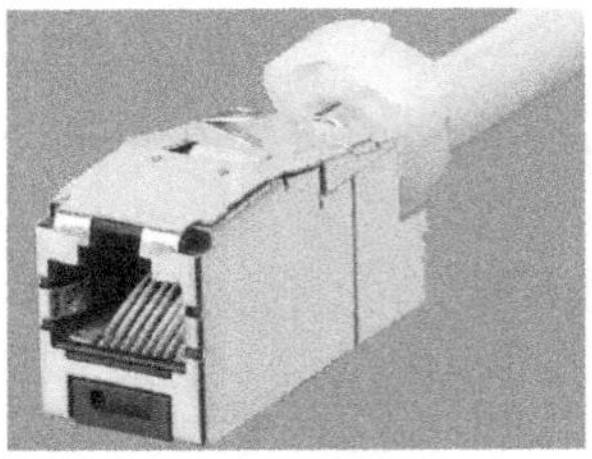

Figura 7.5 - Exemplo de uma tomada RJ45 blindada.

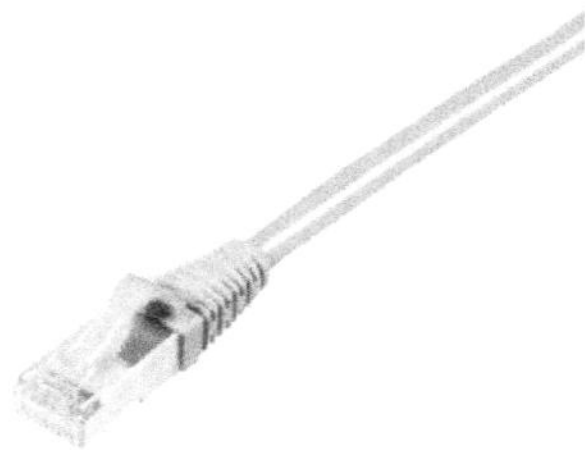

Figura 7.6 - Detalhe de um *patch cord* blindado.

O cabeamento blindado também deve ser certificado. Os parâmetros de testes são os mesmos do cabeamento balanceado sem blindagem, porém, no caso de sistemas blindados, a continuidade da blindagem deve ser medida. A continuidade da blindagem indica que ela está terminada em ambas as extremidades do cabeamento instalado, o que é uma especificação de normas.

Agora que sabemos como instalar um cabeamento blindado e que a blindagem do cabo deve ser aterrada, vamos estudar os critérios que se aplicam ao aterramento.

A Figura 7.7 mostra a topologia de aterramento para cabeamento estruturado e telecomunicações.

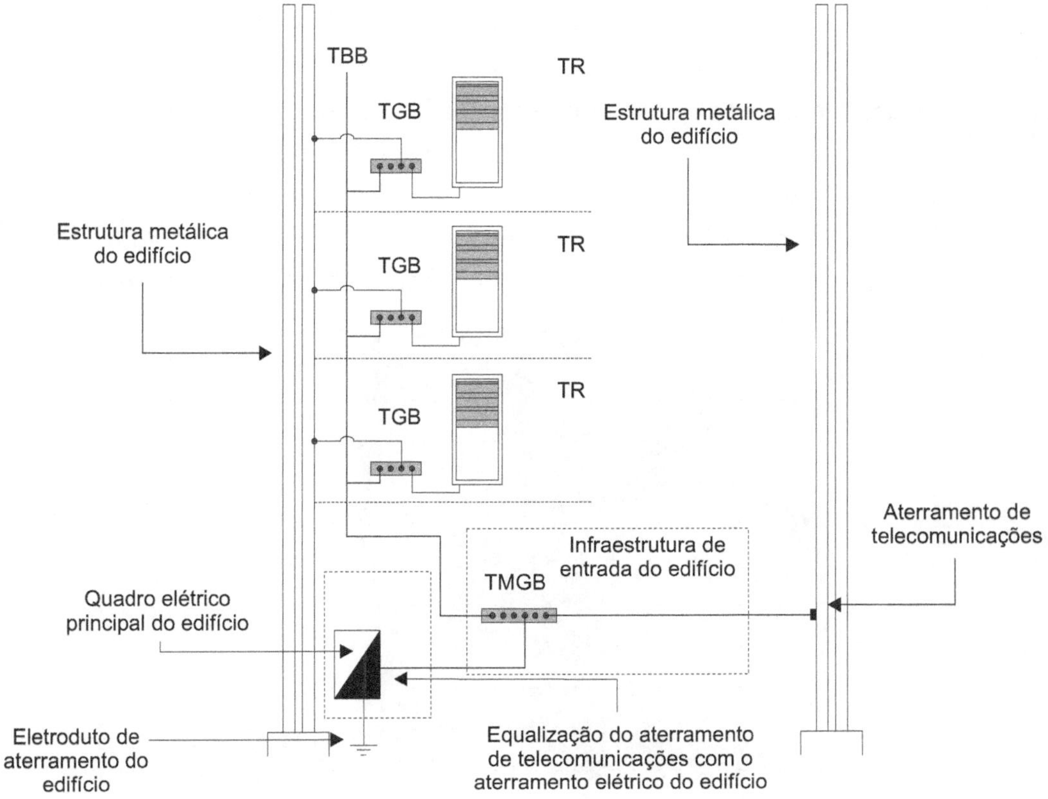

TBB: *Backbone* de equalização de aterramento de telecomunicações
TGB: Barramento de aterramento de telecomunicações
TMGB: Barramento principal de aterramento de telecomunicações
TR: Sala de telecomunicações

Figura 7.7 - Topologia de aterramento de cabeamento estruturado e telecomunicações do edifício.

A topologia apresentada na Figura 7.7 é baseada nas especificações da norma ANSI/TIA-607-D, porém a topologia de aterramento especificada pela norma brasileira ABNT NBR 5410 é bastante similar a essa.

Pontos de conexão ao aterramento para os sistemas de cabeamento estruturado e telecomunicações devem estar presentes na infraestrutura de entrada do edifício, na sala de equipamentos e nas salas de telecomunicações (os espaços de telecomunicações e redes são tratados no Capítulo 4). Para a equipotencialização do aterramento (colocação de todo o aterramento do edifício a um mesmo potencial elétrico), os caminhos metálicos usados para o lançamento dos cabos do cabeamento estruturado, as blindagens dos cabos, os condutores de aterramento, bem como os componentes de conexão, devem estar conectados entre si nos espaços de telecomunicações do edifício.

Podemos identificar os seguintes elementos do sistema de aterramento de cabeamento estruturado e telecomunicações:

- **Barramento principal de aterramento de telecomunicações (TMGB):** serve como extensão do eletrodo de aterramento do sistema de aterramento de telecomunicações do edifício. O TMGB é também o ponto central de conexão ao TBB (*Backbone* de equalização de aterramento de telecomunicações).

Deve haver um único TMGB por edifício e localizado na infraestrutura de entrada de telecomunicações do edifício.

- **Barramento de aterramento de telecomunicações (TGB):** deve estar presente nos espaços de telecomunicações em todo o edifício para conexão do cabeamento estruturado ao seu sistema de aterramento. Deve haver um TGB em cada sala de telecomunicações e na sala de equipamentos. Os TGBs devem ser conectados ao TMGB por meio do TBB. Fisicamente, um TGB é semelhante a um TMGB, porém com dimensões diferentes. A Figura 7.8 mostra um exemplo de um TGB em uma sala de equipamentos.

Figura 7.8 - Exemplo de um TGB em uma sala de equipamentos.

- ***Backbone* de equalização de aterramento de telecomunicações (TBB):** é o barramento que interconecta todos os TGBs ao TMGB. Em termos mais simples, esse é o segmento de cabo originado no barramento principal de aterramento de telecomunicações do edifício (posição em que são instalados os eletrodos de aterramento do edifício) e distribuído por todo o edifício. Cada barramento de aterramento de telecomunicações (TGB) deve ser conectado ao TBB em cada espaço de telecomunicações do edifício (salas de telecomunicações e sala de equipamentos). A bitola do condutor do TBB do edifício deve ser dimensionada de acordo com o comprimento máximo do *backbone* de equalização de aterramento de telecomunicações (TBB). A Tabela 7.2 traz informações sobre o dimensionamento do condutor do TBB.

Tabela 7.2 - Dimensionamento do condutor do TBB

Comprimento linear do TBB (m)	Bitola do TBB (AWG)	Bitola do TBB (mm^2)
Inferior a 13	6	13
De 14 a 20	4	21
e 21 a 26	3	27
De 27 a 33	2	34
De 34 a 41	1	42
De 42 a 52	1/0	54
De 53 a 66	2/0	67
Superior a 66	3/0	85

O TBB deve ser conectado ao TMGB e tem como função reduzir ou equalizar as diferenças de potencial entre os sistemas de telecomunicações do edifício; ele não deve ser dimensionado para ser utilizado como condutor de equalização do sistema elétrico do edifício, ou seja, deve ser dedicado aos sistemas de telecomunicações e redes.

Os condutores do TBB devem ser protegidos contra danos físicos e mecânicos e não devem ter emendas. Porém, quando necessário, emendas devem ser feitas com solda exotérmica, conectores de compressão não reutilizáveis; além disso, devem estar localizadas nos espaços de telecomunicações devidamente protegidas, identificadas e acessíveis para manutenção.

FIQUE DE OLHO!

No Brasil, já faz algum tempo que a bitola de condutores elétricos é dada em mm^2. As normas brasileiras para instalações elétricas, aterramento, proteção contra descargas elétricas atmosféricas, proteção contra sobretensões etc., especificam as bitolas dos condutores em mm^2. No entanto, mesmo no Brasil, os cabos para uso em telecomunicações, bem como sistemas relacionados a eles, têm suas especificações de bitola em AWG.

Para a conexão de *racks*, gabinetes, *patch panels*, bem como outros componentes ao sistema de aterramento de telecomunicações do edifício, kits de aterramento, como aquele mostrado na Figura 7.9, são recomendados.

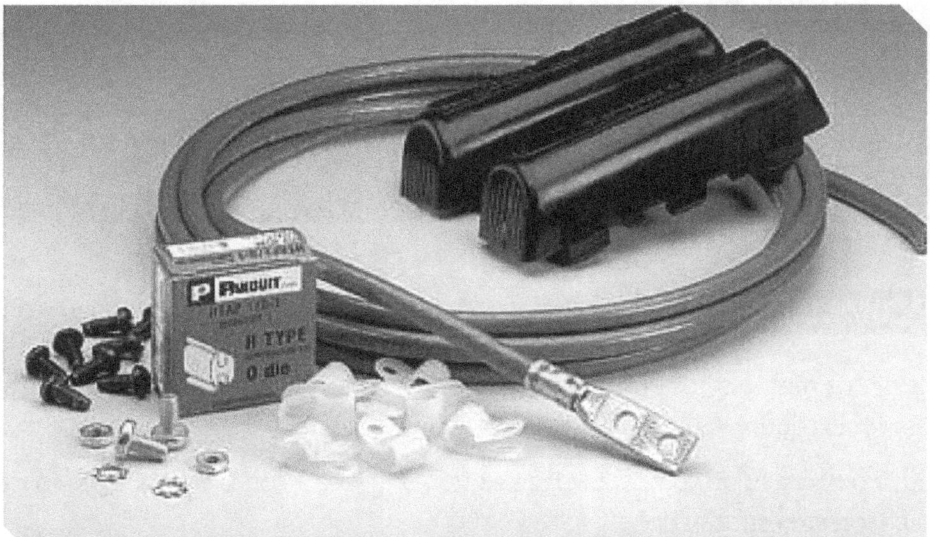

GENTILMENTE CEDIDO POR PANDUIT DO BRASIL

Figura 7.9 - Kit de aterramento para *racks* e componentes do cabeamento estruturado.

A Figura 7.10 mostra um exemplo de conexão de um *switch* Ethernet, instalado em um *rack* em uma sala de equipamentos, ao sistema de aterramento de telecomunicações.

Detalhe da conexão do *chassis* de um *switch* Ethernet ao sistema de aterramento de telecomunicações por meio de um rabicho de aterramento com terminal preso ao chassis do *switch* por parafusos.

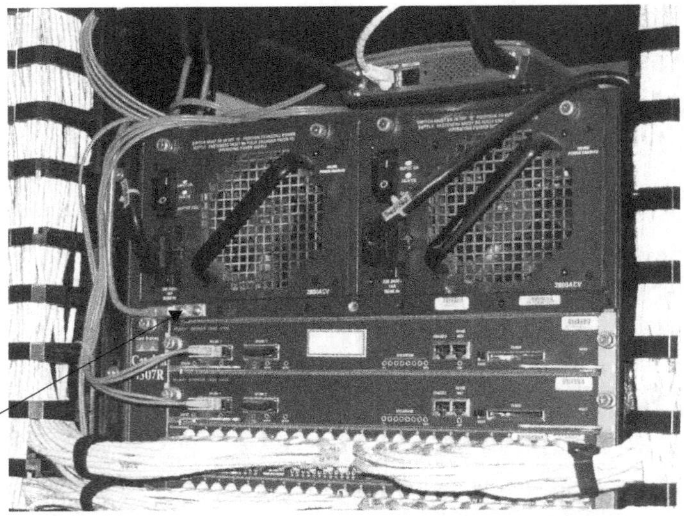

Figura 7.10 - Exemplo de uma instalação real que mostra a conexão do *chassis* de um *switch* Ethernet ao sistema de aterramento de telecomunicações.

VAMOS RECAPITULAR?

Neste capítulo foram estudados os conceitos de interferência eletromagnética aplicada ao cabeamento estruturado. Estudamos as técnicas para minimizar os efeitos da interferência eletromagnética em cabos e vimos que a blindagem é a mais eficiente delas em cabeamento estruturado. Como a eficiência da blindagem depende de um bom sistema de aterramento, estudamos as especificações das normas para aterramento de sistemas de telecomunicações e redes em edifícios e sua topologia de implementação.

AGORA É COM VOCÊ!

1. Quais são os mecanismos que causam o acoplamento de ruído em sistemas de cabeamento estruturado? Explique.
2. Explique o conceito de compatibilidade eletromagnética e como ele pode ser aplicado a sistemas de cabeamento estruturado?
3. Qual é a função da blindagem do cabo e que parâmetro representa sua eficiência? Explique.
4. Qual é a função do TMGB? Ele deve ser conectado ao eletrodo de aterramento do sistema de telecomunicações do edifício?
5. Considere um edifício com 10 andares no qual existe uma sala de telecomunicações (TR) por andar. Como deve ser a topologia de aterramento de telecomunicações e redes desse edifício? Discuta os requisitos de aterramento de telecomunicações em questão e dimensione o condutor do TBB. Considere que o edifício tem um pé direito de 3,50 m (distância entre cada laje do edifício).

8

APLICAÇÕES PoE (POWER OVER ETHERNET) E IoT (INTERNET OF THINGS) EM CABEAMENTO

PARA COMEÇAR

O objetivo deste capítulo é estudar as tecnologias PoE e IoT. Vamos aprender quais são os padrões PoE, conforme especificados pelo IEEE, e suas alternativas de conexão. Conheceremos, ainda, as características elétricas de cada tipo de PoE e como se relacionam com os padrões de conexão das TO em cabeamento estruturado. Estudaremos os requisitos de projeto de cabeamento estruturado para aplicações PoE. No tocante à tecnologia IoT, estudaremos a definição de Internet das Coisas, as tecnologias disponíveis, suas características e considerações sobre a infraestrutura de cabeamento estruturado para dispositivos IoT.

8.1 Tipos de PoE e especificações de meio físico

A tecnologia PoE (*Power over Ethernet*) foi introduzida pelo *Institute of Electrical and Electronic Engineers* (IEEE) em 2003, por meio do padrão IEEE 802.3af. Mais tarde, outros padrões PoE foram desenvolvidos, como o IEEE 802.3at (PoE+) e IEEE 802.3bt (PoE++). A proposta do PoE é utilizar os mesmos cabos balanceados do cabeamento estruturado para entregar alimentação elétrica em corrente contínua para os dispositivos da rede; ou seja, em vez de se utilizar uma tomada RJ45 para a conexão à rede e uma tomada elétrica para a alimentação do dispositivo, uma única tomada RJ45 (TO) passa a servir a ambos os propósitos.

Inicialmente, em 2003, com o padrão IEEE 802.3af, o objetivo era que o cabeamento estruturado pudesse alimentar, por meio dos cabos balanceados, dispositivos de baixa potência (aproximadamente 13 W). Atualmente, o padrão PoE oferece a capacidade de que dispositivos com maiores consumos (até 71 W) sejam alimentados por meio dos pares balanceados do sistema de cabeamento. A Tabela 8.1 mostra o padrão PoE e suas variações.

Tabela 8.1 - Padrões PoE (*Power over Ethernet*)

Padrão/Tipo	Ano	Potência (W)	Pares/Tipo	CC (mA)
IEEE802.3af Tipo 1	2003	12,95	2/PoE	350
IEEE802.3at Tipo 2	2009	25,5	2/PoE+	600
IEEE802.3bt Tipo 3	2016	51	4/PoE++	600
IEEE802.3bt Tipo 4	2018	71	HPPoE	960

Conforme mostrado na Tabela 8.1, pode-se notar que há diferentes tipos de PoE e cada tipo está associado a uma técnica específica de transmissão de dados e alimentação elétrica do dispositivo PoE em corrente contínua (cc) por meio dos cabos balanceados (de pares trançados). O padrão PoE mais simples (Tipo 1) utiliza apenas dois pares do cabo balanceado para entregar conexão à rede e alimentação em corrente contínua ao dispositivo. Porém, a PoE++, capaz de alimentar uma carga com maior consumo de potência (71 W), utiliza os quatro pares do cabo para transmissão e alimentação do dispositivo. A Tabela 8.2 mostra as características elétricas dos diversos de tipos de PoE, na qual são apresentadas potências, tensões e correntes.

Tabela 8.2 - Características elétricas dos diversos tipos de PoE

Parâmetro	IEEE 802.3af Tipo 1 - PoE	IEEE 802.3af Tipo 2 - PoE+	IEEE 802.3bt Tipo 3 - PoE++	IEEE 802.3bt Tipo 4 - HPPoE
Potência disponível no dispositivo PoE	12,95 W	25,50 W	51 W	71 W
Potência disponível na fonte (PSE)	15,40 W	30,0 W	60 W	100 W
Tensão aplicada no dispositivo PoE	37,0 a 57,0 V	42,5 a 57,0 V	42,5 a 57,0 V	41,1 a 57,0 V
Tensão gerada na fonte (PSE)	44,0 a 57,0 V	50,0 a 57,0 V	50,0 a 57,0 V	52,0 a 57,0 V
Corrente máxima	350 mA	600 mA	600 mA	960 mA

Para a implementação do PoE deve haver dois dispositivos no sistema: uma fonte (PSE, *Power Sourcing Equipment*) e o dispositivo a ser alimentado, compatível com o padrão (PD, *Power Device*). Um PD é um dispositivo de rede habilitado para operação compatível com PoE, em outras palavras, um dispositivo PoE.

A fonte (PSE) pode estar em duas posições com relação ao canal do cabeamento. Ela pode estar dentro do equipamento terminal (*switch* Ethernet, por exemplo) e fazer parte dele, chamada configuração *endpoint*; ou estar fora do equipamento terminal, chamada configuração *midspan*.

No padrão IEEE 802.3af, a alimentação em corrente contínua por meio do cabeamento é feita de duas formas, usando a alternativa A ou alternativa B de conexão. A Figura 8.1 mostra um exemplo de conexão usando a alternativa A.

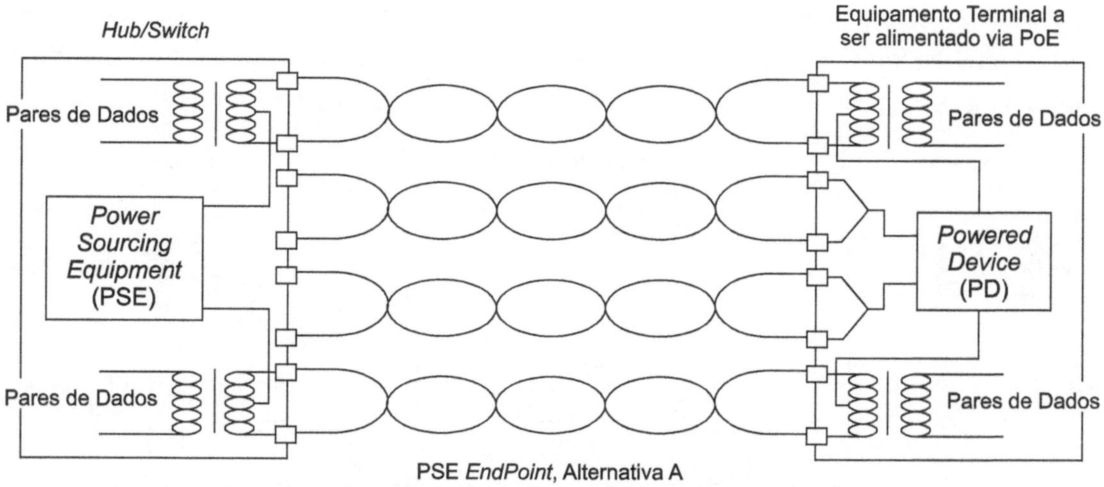

Figura 8.1 - Implementação PoE usando a alternativa A de conexão, configuração *endpoint*.

Conforme mostrado na Figura 8.1, em uma conexão usando a alternativa A, a alimentação em corrente contínua é entregue ao dispositivo PoE por meio dos mesmos pares utilizados para a transmissão de sinais, ou seja, os pares nas posições 1-2 e 3-6, do RJ45. Nessa configuração, os dispositivos presentes em ambas as extremidades do canal de cabeamento são compatíveis com a tecnologia PoE.

Na alternativa B de conexão, os pares utilizados para transmissão de dados não são compartilhados pelo sistema de entrega de alimentação em corrente contínua para a carga (dispositivo PoE). A Figura 8.2 mostra um exemplo de conexão em alternativa B na configuração *endpoint*.

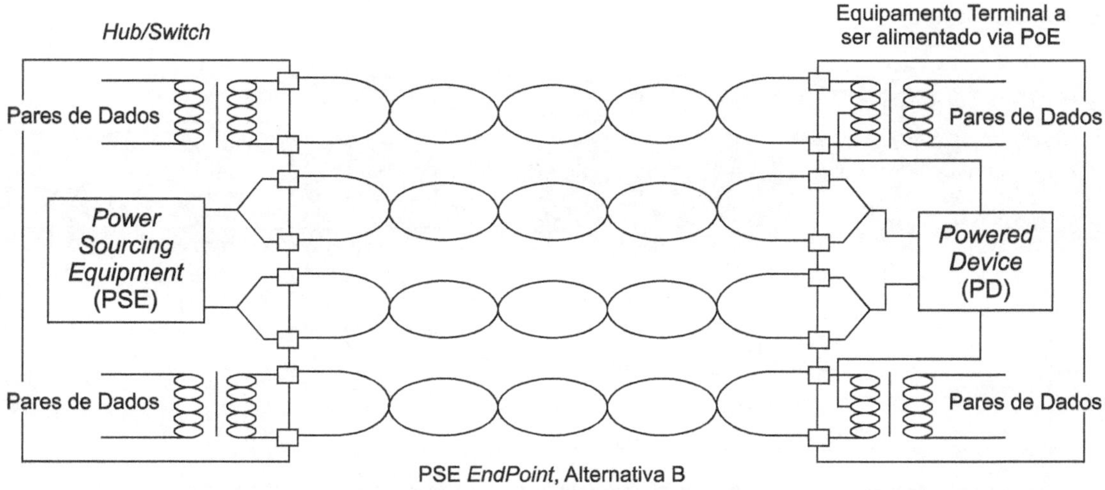

Figura 8.2 - Implementação PoE usando a alternativa B de conexão, configuração *endpoint*.

Podemos ver na Figura 8.2 que os pares utilizados para a alimentação elétrica da carga são dedicados a essa função apenas.

A alternativa B de conexão em configuração *midspan*, conforme mostrado na Figura 8.3, é usada quando o *switch* Ethernet disponível não é compatível com o padrão PoE. Um exemplo disso é quando se deseja instalar dispositivos PoE (como câmeras IP, sensores etc.) em uma rede não projetada para PoE. Nesse caso, podemos instalar uma fonte PoE (PSE) externa entre o *switch* Ethernet e o cabeamento do lado do distribuidor (FD, normalmente) para injetar alimentação em corrente contínua ao cabeamento.

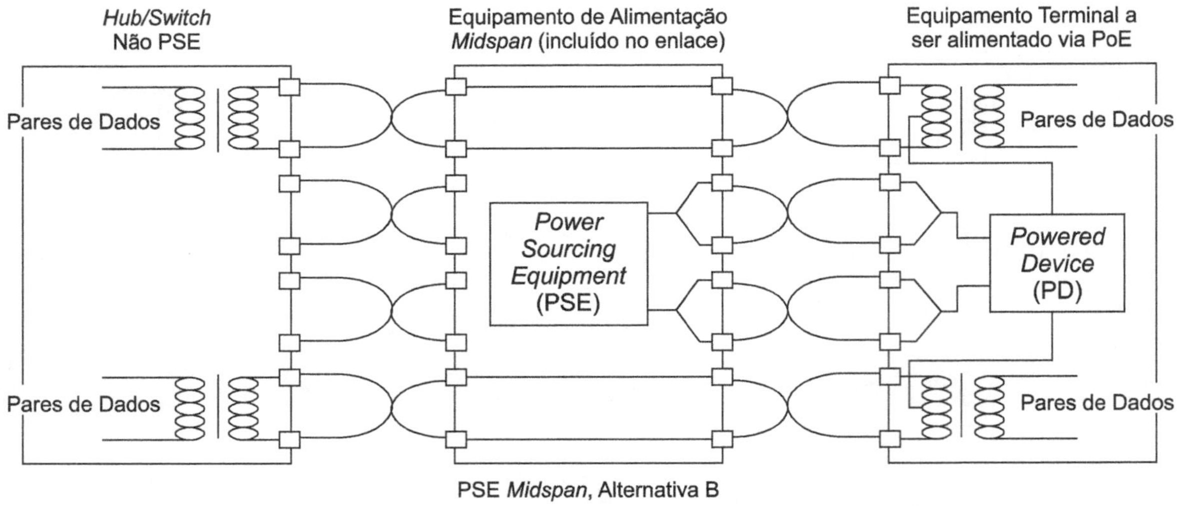

Figura 8.3 - Implementação PoE usando a alternativa B de conexão, configuração *midspan*.

Em resumo, a configuração *endpoint* pode suportar tanto a alternativa A quanto a alternativa B. A configuração *endpoint* é compatível com aplicações Ethernet até *Gigabit Ethernet* (1000BASE-T). A configuração *midspan* deve usar a alternativa B e pode não suportar *Gigabit Ethernet*. A Tabela 8.3 mostra os esquemas de configuração de condutores para os padrões de conexão especificados pelo IEEE 802.3af e aplicações Ethernet suportadas.

Tabela 8.3 - Esquemas de configuração para IEEE 802.3af e aplicações Ethernert suportadas

Portas Switch/ Posição	Esquema T568A	Esquema T568B	10/100 Mb/s Alternativa B		10/100 Mb/s Alternativa A		1000 Mb/s 1GbE Alternativa B		1000 Mb/s 1GbE Alternativa A	
1	Branco/ Verde	Branco/ Laranja	Rx+		Rx+	CC+	TxRx A+		TxRx A+	CC+
2	Verde	Laranja	Rx–		Rx–	CC+	TxRx A–		TxRx A–	CC+
3	Branco/ Laranja	Branco/ Verde	Tx+		Tx+	CC–	TxRx B+		TxRx B+	CC–
4	Azul	Azul		CC+	N/A		TxRx C+	CC+	TxRx C+	
5	Branco/ Azul	Branco/ Azul		CC+	N/A		TxRx C–	CC+	TxRx C–	
6	Laranja	Verde	Tx–		Tx–	CC–	TxRx B–		TxRx B–	CC–
7	Branco/ Marrom	Branco/ Marrom		CC–	N/A		TxRx D+	CC–	TxRx D+	
8	Marrom	Marrom		CC–	N/A		TxRx D–	CC–	TxRx D–	

8.2 Considerações de projeto do cabeamento para PoE

A primeira questão a ser avaliada para a implementação do cabeamento para aplicações PoE é o meio físico, que deve estar em conformidade com a aplicação de rede a ser implementada (*Fast Ethernet*, *Gigabit Ethernet* etc.).

Portanto, quanto ao meio físico normalizado para as aplicações PoE, incluindo PoE++, o IEEE especifica cabos balanceados Categoria 5e (100 MHz) e superiores. Se, como requisito de aplicação sabemos que o cliente precisa garantir a aplicação *Gigabit Ethernet*, o cabeamento deve ser Categoria 6 (250 MHz). Há uma discussão no mercado sobre a necessidade de se utilizar a Categoria 6A (500 MHz), como a categoria de desempenho mais adequada para suportar aplicações *Power over Ethernet* devido à bitola do condutor, que tem seção transversal superior (é mais grosso) e, portanto, resistência elétrica em corrente contínua inferior. Como a atenuação de um condutor de cobre aumenta com o aumento da temperatura de operação, fenômeno que ocorre quando os pares trançados do cabo são utilizados para entregar alimentação em corrente contínua para os dispositivos PoE, pode haver uma limitação em termos de comprimento do canal, pois a atenuação do cabo limita a distância máxima de transmissão entre um *switch* Ethernet (instalado no distribuidor) e um dispositivo PoE (instalado em uma TO).

Embora o aumento da temperatura leve ao aumento da atenuação do canal, isso não é um problema relevante para a grande maioria das instalações na vida real em que se deseja implementar PoE, pois, estatisticamente, o comprimento médio de canais em cabeamento estruturado está em torno de 55 m. Nos casos em que o comprimento do canal se aproximar do limite máximo especificado em normas técnicas (100 m), o projetista deve considerar a atenuação adicional devido ao aquecimento do condutor. Nesses casos, então, pode ser necessário que o comprimento total do canal seja reduzido.

Outra questão comum quando se discute a infraestrutura de cabeamento para PoE é a quantidade de tomadas de telecomunicações (TO) a serem instaladas em uma determinada área de trabalho. Sabemos que as normas de cabeamento estruturado recomendam um mínimo de duas TO por área de trabalho. Minha recomendação é atender a essa recomendação, mesmo quando o cabeamento for dimensionado para suportar aplicações PoE.

Faço essa observação por ser comum encontrarmos projetistas considerando que, como há dispositivos PoE que trazem portas RJ45 adicionais, cada área de trabalho não precise de mais do que uma TO. Nesses casos, dispositivos adicionais podem ser conectados à rede por meio dessas portas. Essa prática pode comprometer a capacidade de crescimento do cabeamento tanto em quantidade de dispositivos quanto em velocidade de transmissão devido à limitação imposta por essas portas "adicionais". O que vemos na prática, na maioria dos projetos que envolvem PoE, é o contrário, ou seja, a instalação de uma TO adicional por área de trabalho.

Para finalizar, quando projetamos um cabeamento para PoE, é importante considerar a instalação de tomadas de telecomunicações em outras posições, além das áreas de trabalho típicas. Por exemplo, é importante mapear onde teremos câmeras de vídeo para vigilância, sensores de presença, sensores diversos, roteadores sem fio (WiFi), dispositivos para controle de acesso, medidores, entre outros, e garantir que tomadas de telecomunicações sejam instaladas nessas posições.

Quando o projeto do cabeamento para PoE contemplar tipos diferentes (e específicos) de edifícios, além dos ambientes comerciais (residencial, industrial etc), recomenda-se que normas específicas sejam consultadas e utilizadas como referência, como as seguintes:

- **ABNT NBR 16264:** cabeamento estruturado residencial.
- **ABNT NBR 16521:** cabeamento estruturado industrial.

8.3 Infraestrutura de cabeamento para IoT

A Internet das Coisas ou IoT (*Internet of Things*) é, com certeza, a tecnologia emergente mais comentada (e ainda mal compreendida) do nosso tempo e não tenho qualquer pretensão em inventar mais uma definição para IoT aqui. Vou adotar definições do IEEE sobre o tema para desenvolver esta seção. Portanto, segundo o IEEE, a Internet das Coisas é uma rede de itens – cada um com sensores embarcados – que são conectados à internet. É importante que o leitor note que não há qualquer menção à forma como tal conexão é feita nessa definição. Enfatizo isso, pois há um "rumor" geral que IoT e 5G estão diretamente associados por definição. Na verdade, embora a tecnologia 5G possa servir como meio de conexão à internet para todas as coisas, trata-se de uma tecnologia de comunicação para muitas e diversas aplicações.

De forma mais ampla, IoT pode ser definida como uma rede de objetos físicos (coisas) que contêm alguma tecnologia embarcada para se comunicar e trocar informações. Portanto, podemos entender IoT como a integração da internet – tecnologia de rede para comunicação – com as coisas que, agora conectadas em rede, podem interagir com o mundo e entre si.

Portanto, a tecnologia IoT cobre muitas áreas, habilitando tecnologias e componentes de diversos mecanismos para, de forma efetiva, integrar dispositivos e componentes de baixo consumo. O software é então um fator decisivo para essa tecnologia. Os sistemas operacionais para IoT são projetados para operar em componentes pequenos da forma mais eficiente possível e, ao mesmo tempo, oferecer funcionalidades básicas para simplificar e suportar o sistema IoT de forma ampla em seus objetivos e propósitos. As *Application Programming Interface* (API) e o gerenciamento dos dados coletados por dispositivos IoT são fatores críticos para a construção de um sistema IoT consistente e robusto. As capacidades de gerenciamento devem suportar um crescimento que pode chegar a centenas ou milhares de diferentes dispositivos conectados.

Dessa forma, o gerenciamento e a otimização automáticos de cada componente individual e/ou subsistema podem ser requisitos muito importantes, ou seja, a autonomia deve ser a nova norma em sistemas IoT de grande porte e de grande complexidade. A segurança e a privacidade dos dados são de suma importância em implementações IoT desde a fase de projeto, pois produzem e têm que lidar com informações de pessoas, segurança dessas informações e privacidade dos usuários.

Enfim, os sistemas IoT podem ter um grande impacto nas vidas das pessoas e nas dinâmicas das sociedades nas quais estão inseridos e devem, portanto, ser conduzidos dentro dos limites e regulamentações de cada país.

Os sistemas IoT estão presentes em vários mercados e estarão cada vez mais presentes em diversos mercados potenciais e haverá diversas partes interessadas, conforme mostrado na Figura 8.4.

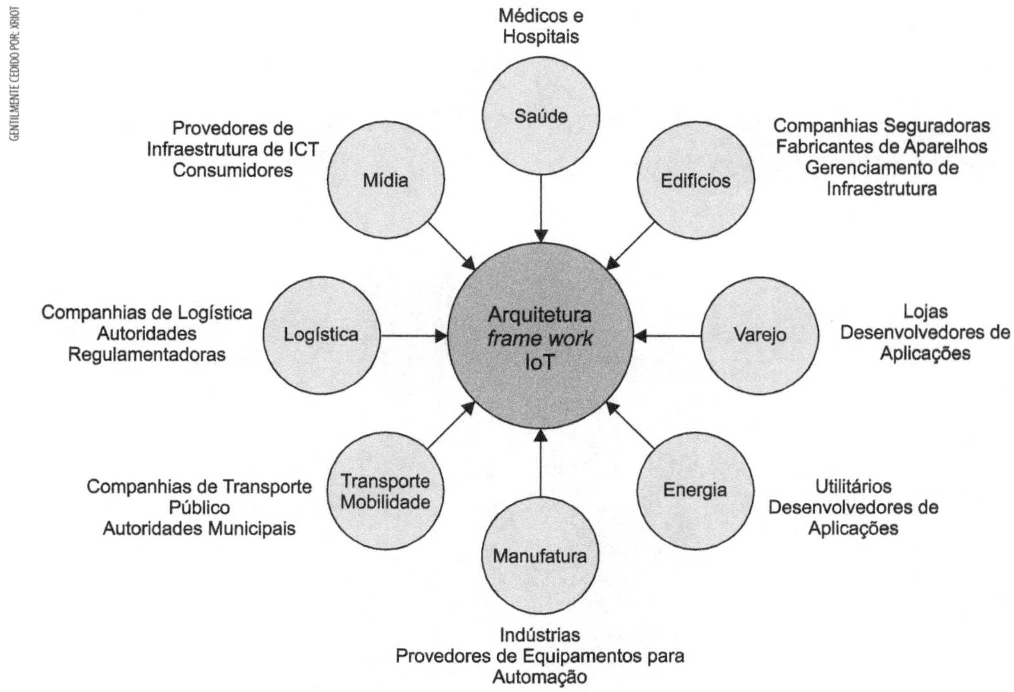

Figura 8.4 - Mercados potenciais para IoT e partes interessadas.

Outra questão associada à comunicação IoT é a tecnologia de conexão. Como em vários outros sistemas, como os de automação predial por exemplo, não há uma única tecnologia para IoT e, sim, a coexistência de várias. Entre as tecnologias, podemos citar as seguintes:

- Zigfox.
- NB-IoT (*Narrowband Internet*).
- LTE-M.
- LoRa (*low-power, long range*).
- WiFi.

A tecnologia LoRa (*low-power, long-range*) oferece baixo consumo de energia e longo alcance, de cerca de 5km. A LoRa tem atualmente mais de 100 operadores em todo o mundo e sua base deve crescer. Esse protocolo envia dados em pequenas rajadas (*bursts*) de forma similar a mensagens de SMS, porém com menor consumo de energia para enviar e receber dados.

A LTE-M e a NB-IoT compartilham a banda 4G da rede de celular e podem entrar em edifícios em áreas urbanas de forma mais eficiente que a LoRa, por exemplo.

A tecnologia Zigfox é comparável à LoRa, ou seja, de baixo consumo de energia e longo alcance. A taxa de transferência é baixa, característica da grande maioria das aplicações IoT, e os dispositivos operam com baterias que duram entre dois e três anos sem a necessidade de substituição.

A tecnologia WiFi, já bastante comum em nossas redes, inclusive domésticas, também oferece conectividade para dispositivos IoT em redes locais de baixo alcance e alta taxa de transmissão. O consumo da tecnologia WiFi é bastante elevado em relação às demais tecnologias IoT apresentadas aqui e não se apresenta como um protocolo atraente para IoT de forma geral.

A Figura 8.5 apresenta um exemplo de dispositivo IoT que opera com tecnologia Zigfox, no padrão *Low-power wide-area networking* (LPWAN).

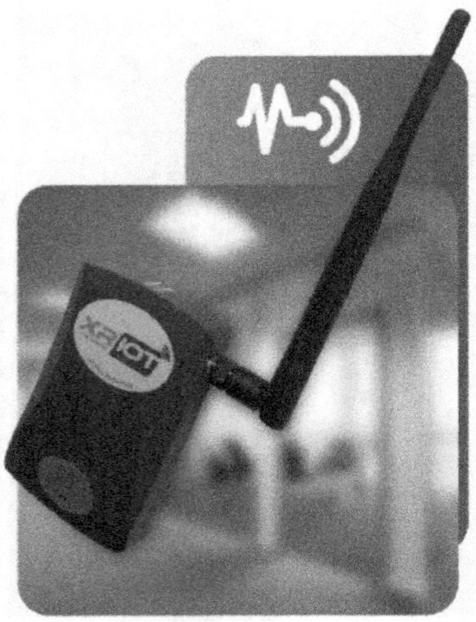

GENTILMENTE CEDIDO POR: XRIOT

Figura 8.5 - Exemplo de dispositivo IoT Zigfox.

Por se tratar de uma tecnologia de rede de amplo alcance *Wide Area Network* (WAN), os dispositivos IoT Zigfox, LoRa (e outros que operam em rede de amplo alcance) são instalados diretamente nos ambientes e/ou sistemas ou equipamentos a serem monitorados e a conexão à internet é imediata e independentemente da rede local (LAN, *Local Area Network*), como mostra a Figura 8.5.

CORTESIA: XRIOT

Figura 8.6 - Exemplo de instalação de dispositivos IoT de amplo alcance.

O esquema da Figura 8.5 é um exemplo de tecnologia IoT de baixo consumo e longo alcance utilizada para o monitoramento dos sistemas elétrico e mecânico de um *data center*. Nesse esquema, vemos dispositivos IoT utilizados para monitorar a operação de um grupo motor gerador, a concentração de gases e/ou líquidos na sala onde se encontram os tanques de combustível (diesel) para suprir o gerador, a temperatura da sala onde ficam os painéis de distribuição elétrica do *data center* e seus equipamentos de ar-condicionado.

Do ponto de vista de infraestrutura física para a conexão de dispositivos IoT à internet, há várias formas disponíveis:

- roteadores e *gateways*;
- provedores de serviço IoT (Zigfox, LoRa etc.);
- provedores de serviço de telefonia móvel celular;
- *hot spots* WiFi;
- rede local (LAN) por meio de conexões cabeadas.

Quando dispositivos IoT são conectados à rede cabeada em um sistema de cabeamento estruturado, valem os mesmos critérios de projeto para PoE. Em outras palavras, tomadas de telecomunicações devem ser previstas em posições nas quais os dispositivos IoT serão instalados. Portanto, a rede deve ser mapeada com cautela para que não faltem tomadas de telecomunicações para esses dispositivos e, como de costume, algumas TO adicionais devem ser consideradas para permitir a conexão de dispositivos não considerados inicialmente.

VAMOS RECAPITULAR?

Neste capítulo foram estudados os conceitos de PoE e IoT e como se relacionam ao cabeamento estruturado. Aprendemos que há quatro tipos de padrões PoE e quais as recomendações da infraestrutura de cabeamento estruturado para dispositivos PoE. Estudamos os padrões de comunicação IoT, como se conectam à internet e, com relação ao cabeamento, vimos que, quando conectados por meio de redes cabeadas, devemos seguir as mesmas recomendações que para aplicações PoE.

AGORA É COM VOCÊ!

1. Qual é o objetivo da tecnologia PoE? Quais são os tipos de PoE e qual é a principal diferença entre eles?
2. Explique as funções do PSE e do PD em uma interface PoE e as diferenças entre as alternativas A e B de conexão?
3. Explique o que são as configurações *endpoint* e *midspan*.
4. Quais são as aplicações Ethernet suportadas no padrão PoE?
5. Quais são os meios físicos reconhecidos pelo padrão PoE em cabeamento estruturado? Explique qual deve ser o critério para a escolha da categoria de desempenho de um sistema de cabeamento estruturado para aplicações PoE e dê exemplos de dispositivos PoE que podem ser conectados ao cabeamento.
6. Defina IoT e sua aplicação.
7. Quais são os dois tipos básicos de tecnologias IoT? Cite exemplos.
8. Comente sobre as opções de infraestrutura para IoT.
9. Quais são os critérios de projeto de cabeamento estruturado para IoT?

BIBLIOGRAFIA

ASSOCIAÇÃO BRASILEIRA DE NORMAS TÉCNICAS. **NBR 14565:2019**: Cabeamento estruturado para edifícios comerciais. Rio de Janeiro, 2019.

______. **NBR 16665:2019**: Cabeamento estruturado para data centers. Rio de Janeiro, 2019.

______. **NBR 16264:2016**: Cabeamento estruturado residencial. Rio de Janeiro, 2016.

______. **NBR 16415:2015**: Caminhos e espaços para cabeamento estruturado. Rio de Janeiro, 2015.

______. **NBR 14703:2012**: Cabos de telemática de 100 Ω para redes internas estruturadas - Especificação. Rio de Janeiro, 2012.

INTERNATION ORGANIZATION FOR STANDARDIZATION; INTERNATIONAL ELECTRO-

TECHNICAL COMMISSION. **ISO/IEC 14763-2-1**: Information technology – Implementation and operation of customer premises cabling - Part 2: Planning and installation. Geneva, Switzerland: 2011.

MARIN, PAULO. S. **Cabeamento estruturado – Projeto e Instalação**. São Paulo: PM Books, 2015.

TELECOMMUNICATIONS INDUSTRY ASSOCIATION. **TIA-526.14-A**: Optical Power Loss Measurements of Installed Multimode Fiber Cable Plant. Arlington, VA, 2000.

MARCAS REGISTRADAS

Todos os nomes registrados, marcas registradas ou direitos de uso citados neste livro pertencem aos seus respectivos proprietários.

SUGESTÕES DE LEITURA

ASSOCIAÇÃO BRASILEIRA DE NORMAS TÉCNICAS. **NBR 14521:2016**: Cabeamento estruturado industrial. Rio de Janeiro, 2016.

MARIN, P. S. **Data Centers – Engenharia: Infraestrutura Física**. São Paulo: PM Books Editora, 2016.

______. **Infraestrutura Predial para Cabeamento Estruturado**. São Paulo: PM Books Editora, 2017.

TELECOMMUNICATIONS INDUSTRY ASSOCIATION. **TIA-568.O-D-2015**: Generic Telecommunications Cabling Customer Premises Std. Arlington, VA, 2015.

______. **TIA-568.1-D-2014**: Commercial Building Telecommunications Cabling Infrastructure Std. Arlington, VA, 2014.

______. **TIA-568.2-D-2018**: Balanced Twisted-Pair Telecommunications Cabling and Components Std. Arlington, VA, 2018.

______. **TIA-568.3-D-2017**: Optical Fiber Cabling Components Std. Arlington, VA – USA, 2015.